プーチン幻想

「ロシアの正体」と日本の危機

グレンコ・アンドリー
Gurenko Andrii

PHP新書

JN231121

はじめに

日本人の皆さん。

一つ、お聞きしたいことがあります。もしかして、コサックはロシア人だと思っていませんか？

違います。

コサックはウクライナ人です。

コサックというのは、十五世紀のウクライナ南部に、農民や落ちぶれた貴族が集まって生まれた共同体のこと。世界で知られているロシア帝国の「コサック軍」ができたのは、十八世紀よりあとの話です。

もう一つ、お聞きしたいことがあります。

もしかして、ボルシチはロシア料理だと思っていませんか？

これも違います。

ボルシチはウクライナ発祥の料理です。現在、ボルシチはロシアや他のスラブ諸民族の伝統料理となっていますが、ウクライナ料理です。

この程度の誤解であれば、生きていくのに困らないでしょう。しかし、一般人であっても勘違いしてはいけないこともあります。とくに国家の運命について誤解していると、自分達の生活が脅かされます。

現に私達ウクライナ国民は、その経験をしました。二〇一四年にクリミアという私達の大事な土地を、ロシアのウラジーミル・プーチン大統領によって略奪されたのです。日本の安倍首相がいま仲良くしようとしているプーチンに、です。

安倍首相から一般人に至るまで、日本人の「プーチン幻想」は目に余ります。日本ですでに六年間過ごした私の目には、「これほど現実と違う認識を持っている人が多いのか」と映って仰天します。日本人の皆さんは気付かないかもしれないですが。

「なぜウクライナ人である私が、他国である日本とロシアについて論じるのか」と思われるかもしれません。じつはウクライナ人だからこそ、ロシアを語る意味があるのです。隣国であるウクライナにしか分からない知識や感覚があるからです。それは、ウクライナ人が日本と中国の抱える問題について感覚や知識が乏しいのと同じでしょう。

逆の例を挙げれば、分かりやすいのではないかと思います。たとえば、ヨーロッパの人の多くは何となく東アジアを一括りにする傾向があります。ヨーロッパ人は「中国も日本も、同じ文化圏だから仲良くすればいいじゃないか」と思いがちです。それに対して、違和感を覚える日本人も多いでしょう。

一方、ヨーロッパ人が中国と経済的、文化的な交流をしようとするときに、日本人から「中国人と関われば酷い目に遭うよ」と警告されることがあります。

ではなぜ、日本人の多くは平均的なヨーロッパ人より中国のことが分かっている、と感じるのでしょうか。それは日本が中国と近いからです。日中の関係史は約千五百年続いており、現在でも、多くの日本人が中国と深く関わっています。

長年、様々な面で中国と関わっていれば、中国や中国人の本質がよく見えてきます。中国人と関わる際、どの点に注意しなければならないのか、その関わりにはどのような危険性が潜んでいるのか、日本人が最もよく分かっています。だからヨーロッパ人に対して、中国との付き合い方について、最も的確なアドバイスを与えられるのは日本人だといえます。

同じように、ロシアやロシア人の本質を最もよく理解し、ロシアとの付き合い方について最も的確なアドバイスを与えられるのはウクライナ人です。なぜなら、ロシアとウクライナの関わりは日中の関わりよりもっと深いからです。ウクライナ人のほとんどはロシア語が分かります。だから多くの日本人に見えないもの、感じられないものが、ウクライナ人には分かります。

そこで、私は本書でウクライナ人として持っている知識や自然の感覚から、日本人のロシア幻想、プーチン幻想を解きたいと思います。強調したいのは、この程度のロシアの理解はウクライナの一般人にとっては常識である、ということです。少なくとも、本書で書かれたロシアの本質を知らなければ、日本の皆さんがロシアやプーチンとの付き合い方を誤ってしまい、酷い目に遭う恐れが十分ある、ということです。

私は日本を愛するウクライナ人の一人として、心から日本の発展と繁栄を望んでいます。本書が少しでも日本の皆さんに役立てば、幸いです。なお、本書の出典のほとんどはロシア語表記のため、記載を割愛しました。

二〇一九年二月二十五日　　グレンコ・アンドリー

プーチン幻想

「ロシアの正体」と日本の危機

目次

はじめに　3

第一章　日本人が知らないプーチンの本性

第一節　日本における「反中親日」という幻想
六つの誤解　18
妄想の世界に生きる人達　22
第二節　プーチン体制はいかにして出来上がったのか
プーチンはどのように大統領になったか　24
権力を握ることに成功したオリガルヒ　25
「対テロ」戦争を煽動して世論を集団ヒステリーに　28
マンションが爆破されるのを知っていた　29
大手テレビ局を強奪　33
ロシアは「謀略機関の所有する国家」　34
第三節　プーチンの対欧米外交
NATOの東方拡大は「裏切り」行為　35

「FSBは私を殺そうとしている」 37
西洋の価値観やルールを一切尊重していない 41
ヨーロッパに難民が増えるのはプーチンの利益 42
他国の領内に軍事用の毒ガスを撒く 44
西洋との協力など求めていない 47

第四節　欧米の宥和政策がプーチンの蛮行を助長した

責任の半分はアメリカにある 47
フーヴァー大統領の間違い 49
電線網から軍事産業まで 50
自らの手で化け物を育ててしまった 52
ソ連崩壊後の宥和政策 53
前代未聞のG7入り 55
ジョージアへのまがうかたなき侵略 56
「我らも死ぬが、彼らは確実に死ぬ」 58

第五節　ヨーロッパの偽装「右翼」に大人気のプーチン
「右翼」勢力の共通点　61
プーチンに憧れる思考は愛国どころか売国　63
難民が来なくなるようにする方法　65
進歩主義の押し付けをやめなければならない　66
第六節　プーチン政権の内政
外国に対する憎悪を植え付ける　68
途絶えることのないプロパガンダ　71
インターネット空間も徹底的にコントロール　72
管理局の職員が個人のアカウントにログインできる　74
プーチンに「許された」二つのメディア　75
都合の悪い野党候補者を立候補させない　77
不審な病死　79
プーチンと側近による国家の私物化　81

第七節　中露関係――「プーチンは反中」という幻想
ロシアを新中華秩序の一部に　88
すでに出来上がった中露の軍事同盟　93
中国についての報道はべた褒め　94
プーチンは親中である　96
第八節　なぜプーチンの欧米陣営への鞍替えはありえないのか
「トランプ大統領と安倍首相が協力すればプーチンを説得できる」？　97
最大の理由は地政学　99
「人を殺してもよい」という考え方　100
中国がロシアの領土を併合しない理由　102
プーチンを中国から離れさせることはできない　105

第二章　ロシアは「約束を破るために約束をする」

第一節　ロシア人の歴史認識
日本に関する教科書の記述　110

「予備兵力」としての反日　116
エリツィンの謝罪は例外中の例外　120
ロシア人の「勝利教」　125
第二節　「アニメが好きなロシア人は親日」という勘違い
文化に興味があるから親日とは限らない　128
「日本人はヒトラーの味方」「騙し討ちの攻撃を受けた」　129
中国と韓国を見れば実証済み　132
第三節　現代ロシア人の日本像
友好は「ロシアへの服従」を意味する　133
「鳩山由紀夫の日本」が理想像　137
第四節　ロシアの対日戦略
「今」は日本侵略を目指していないだけ　138
中国が要請すれば間違いなく応じる　140
対中抑止という「餌」　143
「右翼活動家」をロシアの手先にする　144

第五節　安倍政権の対露外交は間違っている
日本が得るものは何もない　146
「実績」「レガシー」そのものが目的となる　148
「領土返還」と「領土問題の解決」のすり替え　151
全島全域返還の前に平和条約を締結してはいけない　153
「在任中に解決」発言が日本の立場を不利にした　155
「妥協案から話を始める」交渉の誤り　156
共同経済活動でむしろ北方領土返還が遠のく　157
「日露経済協力」という名の対露貢ぎ　159
第六節　北方領土を取り返すにはどうすればいいのか
「返ってくる」ではなく「取り返す」「返還させる」　162
「早期解決」する理由はない　163
島民を利用する人達　165
唯一の正しい解決は占領状態の終了　167
「樺太・千島交換条約」のおかしさ　169

領土問題に関する唯一の「現実路線」とは　171
国力を高めてスタンバイ状態に　172
千年後の日本人のために　175
第七節　プーチン幻想を解く～まとめ

第三章　ウクライナの教訓～平和ボケと友好国への盲信が悲劇を招く

第一節　ソ連末期のウクライナの状況
平等で格差のない社会は到来しなかった　184
ソ連の全面的な停滞　185
ウクライナの「人間の鎖」　191
第二節　主権宣言に仕込まれた時限爆弾＝「非核三原則」
ウクライナ主権宣言の意味　193
国家の基本方針だけを先行して明らかに　194
ウクライナ非核三原則の災い　196
意図的な謀略か、平和ボケか　198

条文どおり行われた国家政策　200
第三節　アメリカはソ連の崩壊を望まなかった
ゴルバチョフは何を目指していたのか　203
ジョージ・H・W・ブッシュの「ソ連救出作戦」　205
旧ソ連圏内で話をまとめたロシアと話し合う　208
百年以上続くアメリカのロシア幻想　213
第四節　ソ連崩壊とウクライナ独立の経緯
有権者の七七％はソ連存続を支持　216
ロシアに同時に二人の大統領が存在　218
国家非常事態委員会のクーデター失敗で実権は諸共和国に　222
ロシアが平和的に領土を手放した例外中の例外　227
第五節　世界第三位の核戦力はいかにして放棄されたか
ロシアとアメリカに次ぐ核戦力　229
主権宣言に組み込まれた「非核三原則」と米露の圧力　231
共産党員の追放に失敗　235

「核兵器とは何か」を理解しなかったクラフチュク大統領　238
ロシアのプロパガンダを信じてしまった　241
二〇〇一年まで核放棄を延ばせる可能性があった　245

第六節　ブダペスト覚書：世紀の詐欺に引っかかったウクライナ

実体のないものを安全保障の約束に見せかける　248
クリミア侵略を放置した英米は「約束を破っていない」　253

おわりに　257

第一章

日本人が知らないプーチンの本性

第一節　日本における「反中親日」という幻想

■六つの誤解

日本人はロシアのウラジーミル・プーチン大統領について誤解している。誤解というより、妄想に近い幻想を抱いているようにしか思えない。日本で広まっているプーチン幻想のいくつかのパターンを並べてみよう。ざっと、六つ挙げよう。

一つ目は、「プーチンは、親日である。プーチンは日本の柔道を習っており、それを通して日本の伝統文化に理解を持っている。またプーチンは日本の明治維新に憧れて、同じようにロシアの近代化を目指している。そのため、日本と友好な関係を築きたいに違いない」。

二つ目は、「プーチンは、反中である。ロシアは強大な軍事力や十倍の人口のある中国と国境を何千キロメートルも接している。また、その中国は人口の少ないロシア極東やシベリアを狙っている。だから、ロシアからしたら、中国こそが最大の脅威である。さらに、中国人は、すでに大量にロシア国内に住んでいる。それが理由で、中国を嫌いなロシア人が多い。この理由でプーチンは中国を恐れて、大きな脅威として認識している。プーチンは、表でいい顔をしていても、実際は中国を抑止する方法を探しており、ロシアの独立と領土を守ろうとしている。ロシアは二〇〇五年に中国に領土を割譲せざるをえなかった。それをプーチンを始めとするロシア人は屈辱として思っているに違いない。また中ソ国境紛争の記憶も残っているのでロシアと中国は潜在的な敵国である」。

三つ目は、「プーチンは、保守主義者である。ロシアや東スラブの伝統文化の復活を目指す、敬虔なロシア正教の信者である。西洋で蔓延しているマルクス主義と違って、プーチンは伝統的な家族観、宗教観、国家観を広めようとしている。自由主義の西洋対共産主義のソ連という常識はもはや時代遅れである。今はむしろプーチンのロシアは伝統的な価値を守り、西洋は進歩的な伝統価値の破壊をしている」。

四つ目は、「プーチンは、ナショナリストである。現代国際社会において、グローバリズム対ナショナリズムという思想対立が世界で繰り広げられている。グローバリストは国境をなくし、人・物・金の自由な動きを目指し、国家はそれを妨げる邪魔な存在にすぎない。それに対して、ナショナリストは国家主権や国益を守ろうとしている。最近はずっとグローバリズム一辺倒だったが、だんだんナショナリズムが主流になりつつある。プーチンはそのナショナリズムの流れの先駆者であったが、今はアメリカのトランプ大統領もナショナリストである。だからナショナリスト同士に率いられる米露はこれから協力的な関係を築くに違いない」。

五つ目は、「プーチンは、国際金融資本と戦っている勇者だ。ソ連崩壊後、国際金融資本や新興財閥（オリガルヒ）はロシアの豊富な資源を独占した。国家全体のものであるはずの富が不当な手段で数少ない億万長者の手に入ったのだ。その状態からロシアを解放したのはプーチンだった。プーチンが一度不当に独占された富を国営化し、国際金融資本を追い出し、オリガルヒの商売に制限をかけた。そのおかげで今のロシアは発展している。だからこそプーチンは国際金融資本に嫌われており、東ヨーロッパにおけるいわゆる『カラー革命』とはプーチンを潰すための謀略である。そしてプーチンは悪だというイメージもアングロサクソンを始めとする西洋メディアのプロパガンダにすぎない」。

六つ目は、「プーチンはたしかに強権的な指導者だが、それは弱肉強食な世の中で生き残る手段にすぎない。プーチンが実力を行使するのは、ロシアの国益や平和が脅かされるなどといった、本当にやむをえない場合のみである。本当はプーチンは平和な世界を望んでおり、西洋諸国との協力的な関係を築こうとしている。国内の反対派粛清も、冷徹と思われるかもしれないが、それもロシアの独立と国内の安定性を保つための手段であるのだ、仕方がない」。

多くの日本人のプーチン像はこんなものだろう。しかし、筆者は自信を持って断言できる。これらの説は、完全に、一〇〇%のウソである。現実は全く異なっている。本書の目的は、なぜこんなあからさまなウソに日本人が騙されるのか、検証し、真実を明かすことである。

もっとも、以上のような説はあくまで一例であり、実際に日本中に広まっているプーチン擁護論、プーチン肯定論、プーチン賛美論は多種多様であり、本当にびっくり仰天するような珍説を唱える人もいる。これは直に聞いた話だが、「プーチンはロシアで日本の江戸時代を復元しようとしている」と大真面目に唱える論者に出会ったことがある。断っておくが、この人はロシアのスパイではない（たぶん）。少なくとも本人は自分を愛国者として認識しているだろう。こんな荒唐無稽な説にまで反論しても仕方がないが、日本人のプーチンへの思い込みは、キリがない。

本書では、ここで紹介した六つの説を検証することで、日本におけるプーチン幻想を解いていきたい。そうすることで、プーチンやロシアについての正しい認識を日本で広めて、日本の国益に沿った対露政策実現に少しでも貢献できるようにしたい。

■妄想の世界に生きる人達

さて、日本で広まっているプーチン現象の原因は何か。筆者はいくつかの原因があると考えている。以下、すべて有名無名の多くの日本の方々から聞かされた話だ。

一つ目は、正確な情報を伝える媒体が少ないことだろう。日本の大手メディアは基本的にはプーチンに対して肯定的であるので、プーチンを批判するような報道はあまりない。

二つ目は、与えられた情報を無批判的に信じるという癖だ。つまりプーチンを褒め称えるプロパガンダをそのまま信じてしまうということだ。与えられた嘘の情報を信じ込み、また次の人にそれを伝える。そうして、このプロパガンダは段々広まっていく。

三つ目は、政界、とくに政権与党である自民党の中にある親露利権屋による、ロシア寄りの世論誘導だ。「早く日露平和条約を結び、経済関係を深めよう」は、彼らの決まり文句だ。

四つ目は、一部の日本人における、アメリカ憎しのあまり、アメリカの敵であるロシアを肯定的に考える傾向だ。反米主義者はだいたいこのパターンに陥っている。彼らの思考は単純である。「ロシアも残酷なことをするが、とんでもないアメリカよりマシだ」と。昔の原爆を持ち出して、今のプーチンはマシだ、などと言い出す。そういう人達は、プーチンを勝手に味方と思い込んでいるのだ。

五つ目は、日本の主敵である中国の脅威だけを気にするあまり、ロシアの脅威を意識しなくなることだ。そして自分の願望を現実であるかのように語り、プーチンは中国に敵対しているに違いないという誤った認識に陥ってしまい、中国包囲網に、対中抑止力としてロシアを使えると思い込んでしまう。たんなる希望的観測にすぎないのだが、この論者達は自分をリアリストだと信じて疑わない。

六つ目は、安倍晋三内閣総理大臣の熱烈な支持者であるが故、安倍氏が実行している政策をすべて無条件的に、無批判的に賛美し、安倍氏の言葉を絶対的な教義として受け入れる人達のパターンだ。安倍氏のプーチンを称賛する発言をそのまま信じ込む、ということだ。

七つ目は、国際金融資本の陰謀論やユダヤ陰謀論を信じる人達のパターンだ。彼らは妄想の世界に生きている。その設定の中では、邪悪な陰謀を企んでいる悪党と戦っている勇者がプーチンなのである。

たいていの日本人はロシアのことなど無関心だろうが、たまに関心を持つ人に限ってプーチンへの幻想を抱いている。

由々しきことだ。

第二節　プーチン体制はいかにして出来上がったのか

■プーチンはどのように大統領になったか

前節で言及した誤解を解くために、まず、そもそもプーチンはどのような経緯で権力を持ち、大統領になったのかを確認しよう。これを知れば、「保守主義者のプーチン」や「やむをえない場合にしか暴力を使わないプーチン」という誤解は必然的に解かれると考えられる。

ご存知のとおり、プーチンはソ連国家保安委員会（いわゆるＫＧＢ）の出身である。ソ連においては時期や正式名称はどうであれ、「国家保安」を担当する組織はつねに特別の意味を持っていた。治安維持や国境警備、諜報活動という表の任務以外に、対外謀略、思想警察、政治的暗殺、人民の抑圧や大量処刑など、全体主義体制における恐怖政治の実行が裏の担当分野であった。

言うまでもなく、恐怖政治の実行は全体主義体制維持に不可欠である。「国家保安」を担当する組織は、他の各省庁局などと比べれば特別扱いをされており、独自の人事体制を持っていた。その名前や形式は時代とともに変わっており、ソ連初期のチェーカー、スターリン抑圧時代の内務人民委員部（ＮＫＶＤ）、ソ連後期のＫＧＢ、ロシア連邦時代のＦＳＢ（ロシア連邦保安庁）といった名称である。だが、その基本的な考え方や手法は連綿として変わっていない。目的達成のためならいかなる手段でも使い、監視や恐怖を通して社会をコントロールすることである。

スターリン体制においては、対外謀略に加えて国内の大量殺戮を担当していたＮＫＶＤ（スターリン末期は国家保安省）が絶大な力を持っていた。しかしスターリンの死後、一九五三年にソ連内部で権力闘争が起こった。対立構造は国家保安系勢力のトップだったラヴレンチー・ベリヤと共産党主導政治を押していたニキータ・フルシチョフの二人である。両者の闘争でフルシチョフが勝利し、ベリヤは処刑された。そして再編成後にできた国家保安委員会（ＫＧＢ）は、党の支配下に置かれた。

しかし権力闘争に敗れたとはいえ、ＫＧＢは強力な組織として存在し続け、その「監視や恐怖を通しての支配」という思想も変わらなかった。

■権力を握ることに成功したオリガルヒ

ソ連崩壊直前の一九九一年八月、ＫＧＢは反ゴルバチョフのクーデターに参加し、再び権力を握ることを試みたが、クーデター失敗やソ連崩壊でそのチャンスを逃した。しかし、新しいチャンスはそれほど時が経たない内に訪れた。

それはエリツィン末期のことである。

当時、ロシアは酷い状況にあった。至る所に汚職が蔓延しており、一九九八年の経済危機とルーブル暴落により、国民生活は困窮を極めた。第一次チェチェン戦争でロシア軍が敗北したが、新興財閥であるオリガルヒは莫大な富を私物化し、不当な利益を貪っていた。

来る二〇〇〇年の大統領選挙において、ロシア共産党の勝利は現実的となっており、それを恐れたのが、エリツィン体制を支えていたオリガルヒである。共産党は企業の国営化や不当に得た財産の没収を主張していたからだ。エリツィン自身も一九九一年にソ連共産党から権力を奪い取ったことから、共産党が再び政権を取れば、ただでは済まなかっただろう。だからエリツィン側近やオリガルヒは、彼らの安全や財産を保証し、操りやすい後継者を探り出したのだ。

ただし軍に頼り、軍事独裁体制を作ることはあまりにもリスクが高かったので、権力維持のために軍を使うことをオリガルヒは選択しなかった。代わりに、彼らは謀略に長《た》けているFSB（ロシア連邦保安庁）に頼ることにした。FSBであれば、様々な工作を通じて、彼らの権力を維持する方法を見つけてくれるだろう、とオリガルヒは思っていた。

こうしてオリガルヒはＦＳＢを利用しようとしたが、じつはＦＳＢ自体が権力掌握のチャンスを待っていた。そして現実に、権力を握ることに成功したのである。

オリガルヒの各財閥は、保安系出身者と近い関係にあった。エリツィンに近いロマン・アブラモヴィッチとボリス・ベレゾフスキーは現役ＦＳＢ長官のウラジーミル・プーチンを推していたが、他のオリガルヒはそれぞれに近いＦＳＢ関係者を推していた。しかし組織としてのＦＳＢからすると、後継者に誰が選ばれようが、オリガルヒが保安系出身者に頼ることを選んだ時点で、ＦＳＢがロシアを乗っ取ることは時間の問題だった。

結局、人事権は大統領のエリツィンにあったので、ＦＳＢ長官のプーチン大佐が首相に任命され、事実上の後継者指名を受けた。首相となったプーチンは、一般市民の間で全くの無名であった。当然、支持率はゼロに近い。しかも、国民に嫌われたエリツィンから後継者指名を受けたことがマイナスに働いている。

この状況では、選挙に到底勝てない。そこで、ＦＳＢは得意の謀略を実行することにした。

■「対テロ」戦争を煽動して世論を集団ヒステリーに

古今東西、権力者の支持率を上げる常套手段とは「敵」を作ることだ。プーチンは一九九九年八月九日に首相に任命されたが、その前々日の七日に、当時、事実上（第一次チェチェン戦争で勝利することによって）独立していたチェチェン・イチケリア共和国の武装集団がロシア連邦の一部であるダゲスタン共和国へ侵攻した。

しかし、それだけでは当時のロシア世論を好戦的にして、指導者の周りに結束させるには不十分だった。なぜなら当時のロシア人の認識では、侵攻した武装集団を追い出して、チェチェン共和国からロシアへの侵入を防ぐだけで十分だったからだ。当時の世論は大規模な戦争を望まなかった。しかも、武装集団の侵攻は指導者の独断であり、チェチェン・イチケリア共和国大統領のアスラン・マスハドフは侵攻に反対で、武装集団の侵攻を批判した。彼は八月～九月の間に、ロシアに対して戦争の阻止を呼びかけ、ロシア政府に和平交渉を申し込んだ。

だが、FSBがこのような絶好の機会を逃すわけがなかった。

一九九九年九月前半にロシアの四カ所で民間マンションが爆破され、合計三〇七人が死亡した。ロシア政府はすぐに、チェチェン系テロリストによるテロ攻撃だと発表した。ロシアメディアは一斉にテロに対する恐怖を誘導し、「対テロ」戦争を煽動して世論は集団ヒステリーの状態になった。

そして、この状態でプーチンが国民をテロリストから守る「強いリーダーシップを発揮できる指導者」としてメディアに映されはじめたのである。九月三十日にロシア軍はチェチェン共和国の国境を越えて、第二次チェチェン戦争は始まった。そして同時に、プーチンの支持率が上がり始めた。この経緯だけでも、民間マンションの爆破がFSBの謀略だったのではないか、という疑いが生じる。

■マンションが爆破されるのを知っていた

次のエピソードは、その疑いをさらに濃厚にする。

先述の民間マンションの爆破は四カ所で起きた。九月四日はダゲスタン共和国のブイナクスク市、九月八日はモスクワ市、九月十三日はモスクワ市、九月十六日はヴォルゴドンスク市。それぞれ数十名ずつの死者が出ている。その間に、以下のエピソードが起きている。

まず、九月十三日にロシアのドゥーマ（連邦議会下院、ロシアの国会）議長のゲンナジー・セレズニョフはドゥーマ運営会の会議においてこのように発言した。「今日の早朝、ヴォルゴドンスクでマンションが爆破されたという報告を受けた」。しかしその日に爆破されたのは、ヴォルゴドンスクではなく、モスクワのマンションだったのだ。ヴォルゴドンスクのマンションが爆破されたのは、三日後の十六日である。つまり、議長に報告をした人は爆破の前からすでにヴォルゴドンスクでマンションが爆破されるのを知っていたことになる。どう見てもおかしな話だ。

このエピソードだけで、マンションの爆破がFSBの謀略だったことはほぼ確信できる。だが、次の出来事を見るとその「ほぼ」すら消える。それは九月二十二日にリャザン市で起きたことだ。

ある民間マンションの住民が、怪しい人影を見かけた。彼らはマンションの地下にいくつかの袋を運んでいた。住民はすぐ警察を呼び、駆けつけた警察は爆発物とタイマーを見つけてマンションの住民に避難命令を出した。同時にリャザン警察やFSBリャザン市局はテロ未遂で捜査を始め、一日のうちに市内にまだ潜伏していたテロリストを見つけて、逮捕した。

そして逮捕したテロリストがFSB所属であることが分かった。さらに翌日の二十三日には、モスクワで内務省総会が行われることになっていた。登壇したウラジーミル・ルシャイロ内務大臣（当時）は「我が警察が昨日、リャザンで新たなマンション爆破を阻止すること

爆破されたマンション(ダゲスタン、写真提供:AFP=時事)

ができた」と発言している。ということは、ルシャイロはFSBの謀略について知らされなかったのだ。

ルシャイロ発言の三十分後、同じ総会に出席したニコライ・パトルシェフFSB長官（当時）は慌てて会場から脱出し、報道陣営に向かって以下のように発言している。「テロ攻撃が阻止されたわけではない。省庁同士の連絡がうまく行かなかったようだ。これは演習だった。袋のなかにあったのは爆発物ではなく、砂糖だった」。つまり爆破が失敗し、FSBの職員が逮捕されたという報告を受けたパトルシェフは、爆破を起こしたのがチェチェンのテロリストではなく、FSBだったという事実がばれないように、「じつは演習だった」という新たな嘘を流したのである。

これらの経緯をすべて並べて考えると、一連のマンション爆破は、戦争の危機を煽動してプーチンを選挙に勝たせるための、FSBによる謀略だったということを疑う余地はないだろう。恐ろしいことに、FSBが謀略の実行中にこれほどのへまを重ねたにもかかわらず、謀略は成功し、プーチンの支持率は実際に上がり始めた。

多くのロシア人は国家のプロパガンダを信じ、対チェチェン戦争を支持してしまった。何万人もの民間人の死をもたらした第二次チェチェン戦争が、プーチン当選の要《かなめ》となったのである。

■大手テレビ局を強奪

こうしてFSBはロシアの中枢を乗っ取ることに成功し、一九九九年十二月三十一日にはエリツィンが大統領を辞任することを表明し、プーチンが大統領代行兼首相となった。さらに二〇〇〇年三月二十六日、一回目の投票で五一・九五％の票を獲得し、プーチンが正式にロシア大統領となった。

当選後、プーチンは真っ先に言論統制を開始した。最も有名だったのは、プーチンに対抗するオリガルヒのグシンスキーが所有する大手テレビ局NTV（ロシア語表記：HTB）の強奪だった。NTVは全国的に人気のテレビ局だったが、その理由は首相時代からプーチンを批判していたからである。大統領当選後、一年も経たないうちに、プーチン政権はNTVをグシンスキーから強奪し、所有権をガスプロム（天然資源を扱うロシア最大の国家独占企業）に委譲した。NTVを強奪する際、治安部隊はテレビ局の本部を占拠し、新しい所有者を認める職員以外は建物の中に入れなかった。

また、それまでロシア連邦各州の州知事は選挙によって選ばれたが、プーチンは制度を変えてしまい、州知事を大統領が直接、任命できるようにした。知事が任命される国のどこが「連邦」なのか、ということなのだが。さらに、国家の主要ポストに次第にＦＳＢ出身者が任命されるようになり、ＦＳＢによるロシアの支配が確立した。

■ロシアは「謀略機関の所有する国家」

このように、プーチンは自国民を大量に殺すことによって権力を握った。「やむをえない場合しか暴力を使わないプーチン」や「伝統的価値、家族、国家を守る保守主義者のプーチン」というのが妄想にすぎないことは、ご理解いただけたかと思う。

今のロシアは、大量虐殺や対外謀略を実行した残酷な組織であるＮＫＶＤ—ＫＧＢ—ＦＳＢに延々と支配され続けている。つまりロシアは「国家の謀略機関」を所有しているのではなく、「謀略機関の所有する国家」なのだ。言い換えれば、全体主義体制を維持するために監視や恐怖をもたらす「道具」が主体性を持ち、国家そのものを自分の道具にしたのである。

第三節　プーチンの対欧米外交

■NATOの東方拡大は「裏切り」行為

プーチン政権は欧米に対してどのような外交を行なっているのか。この問いに答えるために、まずはプーチンにとって外交や国際関係とは何かを知る必要がある。彼にとっての外交とは、十九世紀の帝国主義的な覇権争いと冷戦時代の勢力圏拡大である。

外交政策を進めるときにプーチンが考える基本的な概念とは、「覇権」「勢力圏」「影響圏」「核心的利益圏」などである。決して「国際法」「共存共栄」「国家主権」「民族自決」ではない。しかし、都合のいいときだけ、彼は国際法や主権などの概念を戦術的に利用している。

プーチンは国際関係を、大国同士の「ゲーム」として考えている。彼からすれば、主体性のある国は数カ国しかなく、他の諸国は皆、大国に動かされる客体にすぎないということである。だから彼の頭の中では国家主権や国境は二の次であり、重要なのは「勢力圏」「影響圏」である。この認識を最も正確に表しているのは、北大西洋条約機構（NATO）拡大に関する認識である。

プーチンにとっては、ＮＡＴＯの東方拡大は「裏切り」行為である。実際にプーチンはこのように発言している。「我々は何度も騙された。我々が知らないところで物事が決定されて、そして我々は既成事実だけを突きつけられた。ＮＡＴＯの東への拡大や、我が国境付近での軍事インフラ整備はまさにこれだ」。

たとえば二〇〇四年に、ＮＡＴＯに新たな七カ国が加盟した。バルト三国（エストニア、ラトビア、リトアニア）、スロバキア、ルーマニア、ブルガリア、スロベニアである。そのとき、プーチンは七カ国の加盟をアメリカのブッシュ大統領とイギリスのブレア首相による「自分に対する裏切り行為」だと認識した。つまりプーチンの頭の中では、アメリカ一国だけの意思でＮＡＴＯという条約機構が動き、新しい国を次から次へ加盟させている、ということだ。そして彼は同時に、「ＮＡＴＯは東へ拡大しない」と約束している、と勝手に思い込んでいる。だから裏切り行為という表現が出てくるのだ。

当然、この認識は完全に間違っている。そもそも「ＮＡＴＯは東へ拡大しない」という約束はどこにも存在しないし、ＮＡＴＯの仕組み上、発生するはずがない。プーチンを始めとするロシアの帝国主義者の妄想にすぎないが、全世界（日本を含む）にいるロシアのファンがその妄想を信じている。

ＮＡＴＯにおいては、明確な加盟基準と手続きがある。条件を満たさず、手続きを行わなければ加盟することはできない。そして新メンバー加盟の決議は、現加盟国の全会一致で決まる。一国でも反対したら、加盟はできない。現にこのルールがあるため、長年ＮＡＴＯに加盟したくてもできない国はある（マケドニア、キプロス）。もしプーチンの考えるように、ＮＡＴＯがアメリカに動かされて拡大方針を取っているとしたら、加盟を望む多くの国の要望はとっくに実現しているはずだ。二〇〇四年に加盟した七カ国は自らの意思でそれを望み、多くの努力を重ねたすえに加盟したのだ。

しかし、「大国にしか主体がない」と思い込んでいるプーチンはこれを理解できない。ちなみに、ジョージアやウクライナなどで一時期に起きた大量デモに伴う政権交代（いわゆるカラー革命）も、プーチンの頭の中では西洋諸国が首謀したものということになっている。民衆が自国の独立のために自主的に立ち上がり、政権交代を起こすなどということは、プーチンの世界観では起きるはずがない出来事なのだ。

「ＦＳＢは私を殺そうとしている」

プーチンはつねに「西洋との対等な関係」を訴えている。だが、プーチンが考える「対等な関係」とは、西洋はロシアに対して配慮し、ロシアの国益を損なってはいけないが、ロシアは西洋においていかなる謀略をやってもよい。ロシアに対して西洋諸国は大人しく、無抵抗でいるべきだ、ということである。

西洋においてプーチンが犯した有名な犯罪の一つは、アレクサンドル・リトビネンコ（一九六二―二〇〇六年）の暗殺である。

リトビネンコはFSBの元職員である。FSBの暗い内実を知り、FSBの組織犯罪への参加を拒否したリトビネンコは、一九九七年にFSBから解雇された。その後、オリガルヒの一人であった先述のベレゾフスキーの警備隊長を務め、一九九九年から二〇〇〇年にかけて冤罪による逮捕と釈放を繰り返し経験した。

自分がFSBに抹殺されようとしていることを知ったリトビネンコは、ロシアからイギリスへ亡命した。その後、ロシアで彼に有罪判決が下された。二〇〇一年にはイギリスで政治難民の資格を得、二〇〇二年には『FSBはロシアを爆破している』というタイトルの本を著した。その本で、彼は先述した民間マンションの爆破がチェチェンのテロではなく、FSBの謀略だったことを具体的に解説している。他にも、FSBは組織犯罪を起しており、一般のロシア人から富を奪って利益を得ていると主張。また、FSBはロシアマフィアと深い

故アレクサンドル・リトビネンコ（右、写真提供：AFP＝時事）

繫がりがあり、協力的な関係にあるとも主張した。

リトビネンコは亡命から死ぬまで、FSBの犯罪やプーチン体制の暴挙を暴く活動を続けていた。様々なインタビューや面会の際、彼はつねに「FSBは私を殺そうとしている」と言っていた。二〇〇六年十一月一日に、彼は何人かのロシア人（うち二人はFSBの元職員）とホテル内の喫茶店で会ったのち、体調が悪くなった。入院直後、彼はまだ言葉を話せた状態で、「FSBの元同僚に毒を盛られた」と言った。次第に髪の毛が抜け、肝臓が機能しなくなり、十一月二十三日に死亡した。

事件が非常に特殊だったので、ロンドン警察やイギリス諜報機関は大規模な捜査を始めた。しかし、急な体調悪化の原因はすぐには発見できなかった。原因を特定できなかった病院から、彼の血液と尿がイギリスの核兵器が開発された研究センターへ送られ、そこで検査が行われた。

彼の体内からは、ウランの一〇〇億倍の比放射能を有する放射性物質のポロニウム210が大量に検出された。ポロニウム210が体内に取り込まれた場合、アルファー線を被曝することになる。大量のポロニウム210を人工的につくるには、原子力施設など大がかりな設備が必要だ。このことが判明したのち、イギリス政府は唖然とした。イギリス国内で核テロが起きたのだ。前代未聞の出来事である。

イギリスは総力を挙げて、大々的な捜査を始めた。リトビネンコが会った二人のFSB元職員は特定され、彼らがロンドンへ到着したルート、つまり乗った飛行機や泊まったホテルの部屋は全部捜索された。そして、すべての場所からポロニウム210が検出されたのだ。また、二人がリトビネンコと会った喫茶店のトイレからもポロニウム210が検出された。店内の防犯カメラは、二人がそのトイレに入っていた様子を撮影している。またその後、二人のFSB元職員のうち一人はロシアの与党国会議員になっている。疑いようもなく、リトビネンコはプーチンの命令でFSBに暗殺されたのだ。

■西洋の価値観やルールを一切尊重していない

リトビネンコの暗殺は、ロシアやプーチン個人の残虐性をことさら強調する事件ではない。仮にこの事件がなくても、プーチンがいかに残虐で、人命を軽視する人物であるかは、他の多くの事例でも十分理解できる。しかし、この事件はプーチンの西洋に対する認識を如実に表している。プーチンは言葉ではつねに西洋との協力的な関係の必要性を強調しており、西洋との相互尊重が重要だと言っている。だが、プーチン自身は西洋の価値観やルールを一切尊重していない。西洋を都合よく利用しようとしているだけだ。だから、あるときは「協力関係」を訴え、また別のときは非常に好戦的な態度を取る。

たとえば二〇〇七年二月十日に、毎年ドイツで実施されるミュンヘン安全保障会議でプーチンは有名な演説を行なった。その演説でプーチンは「アメリカ一極」の世界を批判し、アメリカは自国の国境を越えて様々な分野で自分の意思を他国に押し付けている、と言っている。また先述のように、ＮＡＴＯが東へ拡大しないという約束を破ったと言っている。他にも様々な分野において西洋を批判し、最後に「ロシアは千年以上の歴史を持つ国だ。そしていつでも独立した外交を行う権利があった。そして今でもその権利を放棄するつもりはない」と言っている。

筆者から見れば、この演説は一部には間違っていないところもあるが、アメリカの何十倍も国際法を破っているロシアが「自分の意思を他国に押し付けている」と言うのを聞くと、まさに「お前が言うな」と言いたくなる。ましてや、一一四七年にできたモスクワの町を首都に定め、一四八〇年に独立したモスクワ王国から現在に至るというロシアの「千年以上の歴史」と「つねに独立した外交」というくだりには、笑いを禁じえない。国家の歴史がどれぐらい長いか、数え方は様々であろうが、ロシアに関しても、その歴史がいつから始まっているのか、諸説があろう。

しかしどの数え方を取ろうが、モスクワの町ができる前からの「ロシア国家」の歴史はありえない。どんなに甘く数えても九百年前後になる。「千年以上」などはありえない。まして、一四八〇年に独立したモスクワ王国はそれまで二百年以上、モンゴル系の国家、ジョチ・ウルスの領土だった。だからそれまでに「独立した外交」どころか独立そのものがない。

■ヨーロッパに難民が増えるのはプーチンの利益

プーチンのロシアは、つねに西洋に対して様々な謀略を実行している。西洋諸国がその謀略を暴き、抵抗しようとすると、ロシアは「敵対行為」「反露ヒステリー」として猛反発する。

プーチンの認識では、西洋でテロや暗殺、サイバー攻撃など様々な謀略を実行することはロシアの当然の権利だが、西洋諸国はそれを大人しく看過し、一切抵抗してはならない、ということだ。

しかも二〇〇七年の時点では、西洋はロシアの要求をほぼすべて受け入れ、非常に宥和的な対露外交を行なっていた。西洋の対露政策は宥和論で一貫していたにもかかわらず、プーチンの一方的な西洋に対する敵対発言は次第に増えていった。さらに二〇一四年三月、ロシア国営テレビのプライムタイム番組のキャスターが「ロシアはアメリカ全土を核の灰に変えることができる」と発言した。言論統制が徹底されているロシアで、このような発言はプーチンの承認なしでありえない。丁度その時期は、ロシアのウクライナのクリミア半島占領にあたる。

また、ロシアは二〇一六年のイギリスのEU離脱国民投票やアメリカ大統領選挙にも介入していたことがCIAの捜査の結果、明らかとなっている。ロシアの西洋諸国に対するサイバー攻撃も日常的な出来事となっている。

さらに、ヨーロッパにおける難民危機もロシアに責任の一端がある。二〇一五年からロシアはシリア内戦に参戦している。そしてシリアを空爆する際、ロシア空軍はわざと住宅地を空爆し、多くの人びとの生活環境を破壊した。結果、多くのシリア人は難民となり、ヨーロッパへ行くことになったのだ。

ヨーロッパに難民が増えることは、プーチンにとって直接の利益である。なぜなら難民が増えればその分、ヨーロッパ諸国が対応に追われて混乱する。その結果、ロシアの謀略に抵抗する力が弱まるということだ。ロシア空軍による意図的な住宅地空爆の真の狙いは難民の数を増やし、ヨーロッパを弱体化させることにある、と考えるのも妥当であろう。

■他国の領内に軍事用の毒ガスを撒く

さらにロシアの陰謀を列挙しよう。二〇一六年に、バルカン半島の西部にあるモンテネグロにおいて、ロシアの諜報機関が首謀したデモが起きた。ロシアはいくつかの挑発行為に加え、デモ隊による国会議事堂制圧とクーデターを企んでいた。その目的は、二〇一七年に予定されていたモンテネグロのNATO加盟阻止であった。しかしロシアの謀略は失敗に終わり、モンテネグロは無事に加盟することができた。

さらに二〇一八年には再び、イギリス国内で暗殺を実行しようとした。ターゲットは、イギリスの元スパイであるセルゲイ・スクリパリであった。彼は二〇〇六年にロシアでイギリスのスパイとして捕まって有罪になり、ロシアで受刑していた。二〇一〇年、ロシアと英米のスパイ交換で釈放されたのち、イギリスのソールズベリーに住んでいた。

二〇一八年三月四日に、彼と娘のユリヤが意識不明の状態でベンチで発見された。二人は病院に運ばれ、神経ガスに毒されていることが判明した。神経ガスの種類は「ノビチョク」といって、ソ連によって開発された殺傷用化学兵器である。ロシアの疑いは濃厚となった。

ついに大規模な捜査が始まり、スクリパリの家からノビチョクのガス成分が大量に検出された。さらに周辺地域の複数個所で同じガスが検出され、隣の町でもそのガスに接触したイギリス人が死亡した。二五〇〇人の刑事が捜査に動員されて物的証拠が集められ、五〇〇人ほどの証人が喚問された。防犯カメラの映像も大量に解析された。

捜査の結果、同時期にソールズベリーにいたロシア連邦軍参謀本部情報総局（略してGRU）の二人の職員が犯罪を実行した可能性が高い、と発表された。二人はその後インタビューに答え、たまたまその時期にソールズベリーに観光旅行に来た、と言っている。諜報機関の同僚が男二人で仲良く観光旅行をしていた、という話はその後インターネットで冗談のネタになった。この時点でロシアによる関与の疑いは濃厚だが、さらに彼らが泊まっていたホテルの部屋からも神経ガス「ノビチョク」が検出された。

スクリパリの暗殺がＧＲＵによって実行されたことは間違いない。当然、ロシアは関与を否定し、ロシアを貶《おとし》めるための英米の謀略だと主張した。だが、これはいつもの決まり文句だ。ロシアはいつも、犯罪を行うたびに自国の関与を否定し、誰かの自作自演だと無根拠に言い張るのだ。

結局、スクリパリ父娘は生き残り、暗殺は未遂で終わった。だが、ここで重要なのはそのことではない。大事なのは、他国の領内に軍事用の毒ガスを撒くことは戦争行為である、ということだ。ロシアという国は、平気でこのような甚だしい主権侵害を犯す。

もう一つ、この事件にはロシアの暗黙の国際ルール破りという側面がある。たしかに、ロシアはスクリパリのことを裏切り者だと考えた。しかし国際関係には、一度捕まって交換で釈放された元スパイには手を出してはいけない、という暗黙のルールがある。「交換」が行われたということは、英米側もロシア人のスパイを釈放したということである。両国が相手側のスパイに「罪」があることを認識しているが、スパイを「交換」することによって、両国のスパイ罪は「帳消し」されてしまうのだ。そしてスパイ交換は当該事件が「終わった」ことを意味するので、これ以上、手を出してはいけない。しかし、この暗黙の合意もロシアによって平然と破られてしまった。

■西洋との協力など求めていない

以上は、プーチンが西洋諸国に対して起こした一連の事件の代表例である。他にも似たような事件が数多くあるだろう。少なくとも、プーチンが西洋をどのように認識しているか、ご理解いただけたかと思う。プーチンにとって、西洋は利用する対象であり、好き勝手に振る舞える場でもある。

プーチンは、俺様にはルールなど存在しない、と思い込んでいる。だからこそ、西洋諸国がロシアの暴挙に抵抗しようとすると、思いどおりに行かない現状に苛立ちを隠せず、ヒステリーに近いプロパガンダを始めるのだ。プーチンは西洋との協力など求めていない。西洋を操り、世界を思うままに動かしたいだけなのである。

第四節　欧米の宥和政策がプーチンの蛮行を助長した

■責任の半分はアメリカにある

前節で述べたように、本書で明記しているロシアの蛮行は一例にすぎない。これらはあくまで表に出て、公開情報となったものだ。実際は、一般に知られないまま終わってしまったロシアの暴挙・事件も多いであろう。

では、なぜロシアはこのようにつねに蛮行を繰り返すのであろうか。最も大きな原因は、ロシア人の大国意識とそれに伴う傲慢さ、そしてプーチンの出自であるＫＧＢという組織の残虐性である。しかし、それだけではない。

ロシアの度重なる残虐な行為の責任の半分は西洋諸国、とくにアメリカ合衆国にある。後述するように、ロシアは「どんなに酷いことをしても、絶対に罰せられない」と確信しているからこそ、蛮行を繰り返している。それどころか万が一、混乱が起きた場合は助けてもらえる、という安心感さえ抱いている。

アメリカを始めとする西洋諸国は脇が甘いのか、じつに百年以上も対露政策を間違ってきた。ロシアの横暴を許し、この国が蛮行に夢中になった挙げ句、混乱の末に自滅しかけたとき、アメリカはそれを助けてきたのである。反米を国家イデオロギーの要に据えるロシアを何度も救う、という愚策には仰天するしかない。以下、アメリカによるロシア支援の例をいくつか記してみよう。

■フーヴァー大統領の間違い

一九二一年に成立したばかりのソビエトロシア（一九二二年末まで、以降はソ連）で、広域に大飢饉が発生した。独裁権力を握ったボリシェヴィキが、ロシア内戦やポーランドとの戦争に掛かる戦費を稼ぐために、農民から農産物を没収していたからである。極端な食料不足となり、農民が飢えに瀕していた。ボリシェヴィキは最初、その事実を隠蔽《いんぺい》しようとしたが、飢餓が恐ろしい規模になったとき、ようやく全国で二五〇〇万人が飢餓状態にあることを認めた。

ロシアの宗教者や作家がアメリカに支援を求めると、大規模な人道支援活動が始まった。アメリカの船で食料・薬品が大量に届き、三〇〇人のアメリカのボランティアは、飢えた民間人に支援物資を調達する活動に参加していた。アメリカから来た医者も現地で治療所を開き、医療サービスを受けられない人々の治療にあたった。物資の量は食料、薬品、衣類を含めて約六〇万トン、支援を受けたソビエトロシアの住民は約一〇〇〇万人に上る。

この支援事業を指揮していたのは、のちのアメリカ大統領ハーバート・フーヴァーであった。フーヴァーはボリシェヴィキが嫌いであったが、民間人は関係ないと考え、支援事業に取り組んだ。

しかしのちの歴史は、フーヴァーが間違っていたことを証明する。大飢饉のピークが過ぎたことを感じたボリシェヴィキの幹部は、一九二二年秋にソ連による食料の輸出を再開した。滑稽なことに、港町ではアメリカからの人道支援物資を運ぶ船が入港すると同時に、ソ連から外国へ農産物を輸出する船が出港していた。つまりアメリカを始めとする西洋諸国の人道支援を受けながら、ボリシェヴィキは軍備強化に使う外貨を稼ぐため、国内に持っていた農産物を輸出していたのである。農産物の輸出が再開されたことを知った西洋の人々は、なんともやる瀬ない気持ちに陥ったであろう。

■電線網から軍事産業まで

一九二三年春をもって、ソ連に対する人道支援プログラムは終了した。もしあのときアメリカが支援ではなく制裁を加えたら、ソ連が潰れた可能性もあっただろう。だが、西洋はソ連を助けた。

百歩譲って、「当時の西洋諸国はまだロシアの本質を知らなかった」という言い訳はかろうじて通る。しかし、その後のアメリカを始めとする西洋諸国によるロシア支援はまさに理解不能だ。

あまり知られていないことだが、戦前、アメリカはソ連の産業化に大きく貢献している。ソ連の近代化はほぼすべての分野において、アメリカの企業によってなされたものである。ソ連の大国化を目指していたスターリンは外国企業に投資を呼びかけ、多くの大企業がビジネスチャンスと捉えて参加した。アメリカのフォード、オースティン、ＧＥ、ドイツのシーメンス、ユンカースなどである。

さらに、大規模な水力発電所や重工業、自動車、トラクター、化学品、汽車や車両、飛行機などの製造工場は、すべてアメリカを始めとする西洋の企業によって建設された。また、ソ連の全国に電線網を敷いたのもアメリカ企業である。ソ連の一般家庭で電気照明が普及したのは、まぎれもないアメリカ企業の実績である。

もちろん、軍事産業もアメリカ企業の手によって建設された。何万人もの西洋のエンジニアがソ連の労働者を指導し、近代産業施設を建造した。彼らは自分の経験や知識をソ連人にも教え、現地の人材育成にも非常に貢献している。しかし他方で、スターリンによる大量虐殺は当然のごとく無視され、共産主義体制の残虐行為を止めようとせず、批判すらしなかった。

彼らは実情について無知だったのではない。それを知りながら、ソ連の工業化に貢献し続けたのである。おそらくアメリカはソ連に恩を売って、ソ連を親米国家にしようとしたのであろう。アメリカの外交感覚の甘さ、幼稚さを適切に表す言葉が見つからない。

■自らの手で化け物を育ててしまった

さらに第二次世界大戦中も、アメリカはソ連に大規模な支援を行なった。特に、一九四一年に成立したレンドリース法（武器貸与法）による支援の規模は凄まじかった。独ソ戦争の始まりから終戦まで、アメリカによるソ連への軍事支援は連綿と続き、大戦の勝敗に影響を与えた。支援の総額は当時に換算して一一三億ドル（現：約一五〇〇億ドル）に上る。

ソ連が得た物資についての細かい統計から、最も代表的なものをいくつか取り上げよう。軍用機二万二〇〇〇機、戦車一万両、軍用車両五万両、トラック三七万五〇〇〇台、軍用オートバイ三万五〇〇〇台、機関車一九〇〇両、貨物列車の車両一万一〇〇〇両、食料四四八万トンなどである。この凄まじい規模の支援がなければ、ソ連はもっと苦戦したであろう。これでドイツが勝てたかどうかは分からないが、少なくとも戦争は一九四五年には終わらなかっただろうし、ソ連は終戦の時点であれほど強くはならなかっただろう。

アメリカは事実上、自らの手で化け物を育ててしまったのだ。戦中であればまだ、コミンテルンの工作員がソ連への支援を促していたという説明ができるかもしれないが、一九二〇年代後半から始まった、アメリカによるソ連の工業化は全く理解不能だ。ソ連に恩を売ってアメリカの味方にしようとする思考は、アメリカがいかにロシアの本質を理解していないかを如実に表している。

そして戦後、アメリカの手で育てられた化け物が、アメリカに対する脅威となった。事の重大性にやっと気付いたアメリカは、自由主義陣営のリーダーになり、冷戦でソ連を潰すことに成功した。この間の事情は読者もよくご存じであろう。問題はその後である。ソ連を倒すことにあれだけのエネルギーを費やした経験から、アメリカは共産主義の本質に気付いて懲りたはずであった。しかし冷戦後、アメリカは再び同じ過ちを繰り返してしまったのである。

■ソ連崩壊後の宥和政策

ソ連崩壊後、アメリカは再びロシアに対して夢を抱くようになり、宥和政策を再開した。バルト三国を除く旧ソ連圏は非公式にロシアの影響圏として認められ、旧ソ連諸国の「ロシアから真の独立を果たしたい」という切願はアメリカを始めとする西洋諸国に無視された。

また、核戦略の面においてもアメリカはロシアの肩を持った。当時、世界第三位の核戦力を持つウクライナに、核兵器の放棄をさせたのだ（詳細は第三章）。旧ソ連圏におけるロシアの蛮行は黙認され、一九九二年のロシアによるジョージア侵略やその際の二万人に及ぶジョージア人虐殺と二五万人の追放が事実上、黙認された。ロシアはその戦争を「アブハジア人とジョージア人の紛争」と解釈し、ロシアは中立だと主張した。西洋諸国は真実を分かっていながら、前述の甘さからロシアの言い分を信じることにした。

さらにおかしなことに、侵略者であったロシアがいつの間にか、国際紛争の仲裁国の一つになっていた。ソ連崩壊後、早々にこのような蛮行を犯したロシアがお咎《とが》めなしで済んだだけではなく、仲裁国として再び西洋からの支援を受け始めたのである。

一例として、ＰＲＯＶＩＤＥ　ＨＯＰＥ作戦というアメリカ空軍による旧ソ連への人道支援物資を調達する作戦が挙げられる。一九九二年から一九九七年まで、アメリカの軍用機は二万トン以上の食糧と薬品を旧ソ連のために調達した。人道支援の対象はロシアだけではなかったが、人口や面積で最も大きいロシアは、物資の半数以上の恩恵を受けていただろう。

ロシアによるトランスニストリア戦争（一九九二年、ロシアが支援する沿ドニエストル共和国とモルドバ共和国との戦い）への介入、そしてロシアが起こし、約八万人に及ぶ民間人の犠牲者が出た第一次チェチェン戦争のときでさえも、ロシアは西洋に糾弾されなかった。それどころかクリントンとエリツィンが頻繁に会い、仲良く首脳会談を繰り返していた。

■前代未聞のG7入り

驚くべきことに、西洋から経済支援を受けて蛮行を行い続けたにもかかわらず、一九九八年にロシアはG7に入り、G8体制となった。G7とは本来、自由民主主義国家のなかで最も軍事的に強く、かつ経済の規模が大きい国の集まりである。経済が全く発展しておらず、西洋と同レベルで発展しているのは軍事力だけ、おまけに国際法違反を繰り返すロシアをG7のグループに入れることは、まさしく前代未聞の優遇策であった。

そして二〇〇〇年、プーチン政権が誕生する。プーチンは第二次チェチェン戦争を開始し、さらに虐殺の犠牲者数を重ねただけではなく、ロシア国内で言論統制とともに反米プロパガンダを施した。政権にコントロールされていたメディアはアメリカを「敵」として描き始めた。それにもかかわらず、西洋によるロシアの優遇は続いていた。アメリカのブッシュ大統領はロシアを「戦略的パートナー」と呼び、頻繁に首脳会談が行われた。ロシアはプーチン政権中、明らかに民主主義ではなくなったにもかかわらず、G8から追放されることともなかった。

ヨーロッパ諸国のロシア優遇ぶりも酷かった。とくにドイツのシュレーダー首相、フランスのシラク大統領、イタリアのベルルスコーニ首相の三人は個人的にもプーチンと親交を持ち、ロシアにとって有利な外交を展開していた。三人の在任中、ロシアの天然ガスを大量に買うようになり、ヨーロッパのエネルギー資源をロシアに依存する体制が確立した。彼らは退任後もVIPゲストとして何度もプーチンのもとを訪れ、厚遇されている。

とりわけドイツのシュレーダー首相はドイツ連邦首相を退任したのち、ガスプロムの子会社で役職を得て、現在に至るまでロシア政府から高額の給料をもらっている。現代における「売国奴」の典型として、シュレーダーの事例はぴったりなのではないだろうか。

■ジョージアへのまがうかたなき侵略

年々勢いを増すロシアの反米プロパガンダや近隣諸国への内政干渉、前節で言及したリトビネンコ暗殺によって、さすがに英米が目覚めかけてロシアに対する論調が一時期、厳しくなったことがある。しかし、それは英米に限定した現象であり、ヨーロッパ全体は相変わらずロシア優遇をやめなかった。

二〇〇八年八月七日、のちの展開に大きな影響を及ぼす出来事が起きた。その日、ロシアは再びジョージアに侵攻し、第二次ロシア・ジョージア戦争が起きた（南オセチア戦争という名称もあるが、戦闘地域は南オセチアをはるかに越えているので正確ではない）。戦争の規模は比較的小さく、ロシア側の死者は正規軍六七名、非正規武装集団約一〇〇名。ジョージア側の死者は一八〇名であった。しかし、ロシアはジョージア国内の都市を空爆しており、戦争の結果、ジョージア領土の占領地域を拡大した。まがうかたなき侵略である。

にもかかわらず、西洋諸国は今回もロシアの暴挙を許した。ジョージア侵略時、西洋側の唯一の要求は停戦および占領区域をアブハジア地方と南オセチアに留めることのみであった。ロシアの戦争目的からすればそれで十分だったので、同条件で停戦が実施された。

ジョージア侵略は、プーチン就任後初めてロシア正規軍が外国の領土を実際に侵略した例であり、彼からすると、実際にどこまでが許されるのか、西洋のレッドラインを試す機会でもあった。ところが結局、西洋諸国は何も処罰をしなかったので、プーチンは「何をやっても問題ない」と確信した。

アメリカの態度もヨーロッパ諸国と同様、せいぜいがロシアへの「批判」に留まるものであった。唯一の変化として、共和党政権において、ロシアに対する警戒感がやっと高まり始めた。ジョージ・W・ブッシュ以降も共和党政権が続けば、アメリカからロシアへの何らかの対抗措置があったかもしれない。

しかし、二〇〇八年の米大統領選挙でのオバマ当選ですべてが忘れられ、再びロシアの暴挙は黙認された。オバマは「米露関係再起動」を主張し、ロシアに対して友好的な態度を取った。

■「我らも死ぬが、彼らは確実に死ぬ」

オバマの大統領就任後、再び呆れ返る出来事が起きた。当時、アメリカはチェコとポーランドの二国に、ロシアの大陸間弾道ミサイルを撃墜可能な防空システムを設置する計画があった。オバマはロシアの猛反発を浴びると、プーチンに配慮して計画を中止した。つまりオバマは自国の防衛政策すら、ロシアの謀略と気まぐれに委ねたのだ。これでますます何をやってもよいと思い込んだプーチンは、完全に歯止めを外した。

二〇一三年にCIAの機密情報を流出させたエドワード・スノーデンに対し、ロシアは政治難民資格を与えた。

二〇一四年から、現在でも続くウクライナへの侵略を始めた。

二〇一五年にはシリア内戦に参戦し、都市の無差別空爆を繰り返す。

二〇一六年にはイギリス国民投票とアメリカ大統領選に介入し、それ以降も西洋諸国への選挙介入を繰り返している。

二〇一八年にはスクリパリ暗殺未遂事件が起きた。

ほかにも国内における反米ヒステリーの世論の煽動や、世界に向けて発信しているプロパガンダ、そして西洋諸国の国家機関や企業、メディアや政党を標的にしたサイバー攻撃が日常的な出来事となった。プーチンはまた、世界を滅ぼす脅しまで宣言している。

「誰かがロシアを滅ぼそうとしたら、我々は反撃する。それは世界的な悲劇となる。しかし、ロシアのない世界は必要なのか？」（二〇一八年二月）。「我々が攻撃されたら、我らも死ぬが彼らは確実に死ぬ。しかし正義は我らにあるから、我らは天国へ行く。しかし、彼らは犬死して消え去るだけ」（二〇一八年十月）。

ロシアの蛮行は近いうちに収まる見込みがない。

たしかにロシアの態度を受けて、西洋はようやく少しずつ対抗措置を実行し始めている。二〇一四年に始まった対露制裁は年々、強化されている。アメリカを含めて、一部の西洋諸国は防衛予算を増加し、再軍備を図っている。ロシアに対するカウンター・プロパガンダも検討されるようになった。またロシア外交官の追放も一部の国が実施している。

しかし、これらの措置はロシアが犯している蛮行の規模と比べれば、生ぬるいと言わざるをえない。凶暴な侵略者を抑えるには本格的な措置が必要だ。呆れたことに現在、ドイツを始めとするヨーロッパ諸国の一部はいまだにロシアの天然ガスを買っており、供給先を拡大するために、バルト海に新たなガスパイプラインを建設中だ。ヨーロッパの多くの政治家や官僚、実業家はロシアマネーに目がくらんでおり、自国の安全保障の感覚を完全に失っている。

最も大きな問題は、西洋の対露政策措置がロシアがすでに暴走の極に達してから実行されるようになった、という点だ。過去の歴史から、ロシアの行動を野放しにしたら増長し、どこまでも暴走することが分かっているのに、西洋はロシアの正体から目を逸《そ》らし、見て見ぬふりをした。

ガスでロシアを儲けさせ、強くしてしまったヨーロッパの失態は、スターリン時代にソ連を近代化させたアメリカによく似ている。自らの手で育てた牙が自分の首元に向かう。アメリカの大統領選挙介入は序の口にすぎない。ソ連崩壊はロシアを無力化し、さらなる蛮行を防ぐチャンスだったのに、西洋はまたしても「ロシア幻想」を抱いてしまった。プーチン政権が誕生したあとも、初期のうちに適切な制裁をかければ、状況はここまで悪化しなかったはずだ。

西洋には歴史に学ばないという習性がある。また、恩を売ったら味方になるという理屈は、大体似た価値観を持つ国同士にのみ通じるものなのである。

第五節　ヨーロッパの偽装「右翼」に大人気のプーチン

■「右翼」勢力の共通点

ここ数年、とくに二〇一四年の欧州議会議員選挙以降、ヨーロッパではかつてなかった類の「右翼」勢力が出ている。国によって事情は多少異なっており、昔からあったマイナーな勢力が急に支持率が上がったという事例もあれば、全く新しくできた勢力がすぐ時流に乗った、という場合もある。

その代表例は、たとえばフランスの「国民戦線」、イギリスの「英国独立党」、ドイツの「ドイツのための選択肢」、オーストリアの「自由党」、イタリアの「北部同盟」と「五つ星運動」

などである。

それぞれ国の事情によって多少、主張の違いはあるが、基本的な考え方は共通している。それは反移民と反難民、反米、反グローバリズム、欧州連合（EU）離脱（もしくは離脱まで行かないまでも、欧州連合の機能制限）、大衆迎合主義（給料、年金、社会保障手当を上げ、税金は下げる、雇用を拡大するといいながら財源を合理的に説明できない、まるで魔法の棒を振って財源が現れるかのように）といった点である。

そして、もう一つの驚くべき共通点がある。それはこれらの勢力はすべてプーチンのことが大好きだ、という点だ。彼らは、決まって同じことを言う。「プーチンは強い指導者である」「プーチンは格好いい」「ヨーロッパにとってロシアと対立する必要はない、友好な関係を結ぼう」「ヨーロッパの対露制裁を解除すべき」など。

なぜ彼らはそのような考えを持っているのか。

一つ目は最も単純明快な要素、すなわち「金」である。ロシアはこれらの諸勢力を金銭的に支援している可能性が高い。フランスの国民戦線がロシア資本の銀行から一一〇〇万ドルを調達したことが一時期、話題になっていた。「右翼」勢力は本国の金融機関や企業に相手にされないことが多いので、シンパ作りのために資金を惜しまないロシアのオファーに、喜んで乗っているのであろう。

二つ目は、プーチンのイメージである。彼らはプーチンの反米プロパガンダに共感し、彼を反米の象徴と考えている。また、強い指導者のイメージにも憧れているのであろう。さらに、彼らは勝手に「プーチンが移民政策に反対している」と信じ込んでいる。実際には、今のロシアは移民大国であり、モスクワ市の人口の一割は外国人労働者が占めている事実を無視している。加えて、プーチンは反グローバリストというイメージも強いが、彼が隠し持つ財産の多くはロシア国外の銀行に貯まっているということも、あまり話題にならない。つまり彼らもプーチン幻想を抱いている、ということだ。

■プーチンに憧れる思考は愛国どころか売国

そもそもこのような勢力は「右翼」「極右」と言われているが、はたして本当だろうか。彼らはメディアによる誤った解釈のため、勘違いされている。その勘違いは日本にまで届いており、メディアにおいて彼らは「右翼」「極右」という風に報道されている。

それに対して、たとえば日本において、一部の人は「右翼や極右というのはメディアによるレッテル貼りだ。彼らは健全な保守派である」と言っている。

しかし私見によれば、どちらも間違っている。彼らは極右でも、健全な保守でもない。名付けるとすれば、彼らは「偽装右翼」「劣化右翼」「自称右翼」とでも言うべきなのではないだろうか。

まず、彼らは（本人達の実際の知能は分からないが）、言っていることの知的レベルが低い。国内社会や国際情勢における複雑な問題に対して、ある対象をその問題から隔離すれば、問題はすべて消えるかのように言っている。また、実現できもしない政策を国民に主張して、人気を集めている。

次に、彼らのプーチンに対する憧れは完全に事実誤認である。前節や前前節で記したように、プーチンはヨーロッパの敵であり、ヨーロッパを軽蔑している。また、彼らの人気の源となったヨーロッパにおける難民問題を悪化させているのは、シリア無差別空爆の実行に加担することで住民の避難を余儀なくさせたプーチン自身である。だが、彼らはその現実を見ようとしない。プーチンのロシアはヨーロッパの最大の軍事的な脅威である。彼らはその事実を完全に無視し、ロシアとの友好を訴えている。それは彼らが猛批判するヨーロッパ諸国を長年指導してきた主流派の政治家と全く同じ、安全保障音痴ゆえである。

しかし、その頭が硬直した主流政治家ですら、度重なるロシアの蛮行に対してようやく少し目覚めたにもかかわらず、相変わらず無自覚なのがこの「自称右翼」達だ。

プーチンに憧れる思考は愛国どころか、むしろ売国に近い。そしてヨーロッパ諸国の極左勢力、共産主義勢力はすべからくプーチンに憧れており、ロシアと繋がりがある、という事実も無視している。右翼であれば、共産主義勢力は最大の敵であるはずなのに、「自称右翼」は左翼と同じ思考に陥っている。つまり、彼らはヨーロッパの分割支配を狙うロシアの道具として見事に利用されているのだ。

■難民が来なくなるようにする方法

最後に、彼らの言説は本来の意味での右翼らしくない。右翼が重視するはずのテーマとは伝統文化や家族観、防衛や安全保障、そして自由な経済である。また、外交政策においては同じ陣営の国を重視し、他陣営の国を警戒するはずである。したがって反米姿勢を取りながら、プーチンに好意的な彼らの態度はおかしい。アメリカを批判するのは構わないが、アメリカよりもっと酷いロシアを擁護するのは左翼、共産主義者の行動であり、決して右派のすることではない。

また、難民問題に対する姿勢も右翼というより、左翼に近い。もちろん、難民は誰も受け入れたくない。しかし受け入れたくなくても、難民は実際にヨーロッパへ大量に入ってくる。だが「自称右翼」はたんに「難民を受け入れるな」と言うだけで、この問題を解決する策を提案しない。問題を解決するのではなく無視する、または対象を隔離すればその問題はなくなるという幼稚な考え方は、じつに左翼らしい。本来、右翼は現実を見るので、問題を無視するだけでは問題は解決しない、と考えるはずだ。

難民が来なくなるようにする方法は二つしかない。一つは、国境線沿いに軍隊を配備して難民を全員、無差別に射殺すること。もう一つは、難民の出身国を安定させ、難民となる人が自国で普通の生活ができる環境を整えることである。言うまでもないが、前者の方法を取るわけにはいかない。だから後者の方法で、さらなる難民の到来を阻止するしかないのだ。しかし自称右翼は自国の殻に閉じこもり、世界が抱えている問題を見ようとしない。

■進歩主義の押し付けをやめなければならない

では、なぜこのような幼稚な発想を持つ勢力がヨーロッパで台頭したのか。それは、本当の保守勢力がいなくなったからである。ヨーロッパ諸国では、本来保守であるはずの勢力は左傾化し、いわゆるリベラルと変わらなくなった。代わりに受け皿となったのは、このような劣化した「自称右翼」だ。

たとえばいま、ヨーロッパで蔓延する左翼的な進歩主義の行き過ぎに対して多くの不満がある。度を越したジェンダー問題の議論やＬＧＢＴ優遇、移民受け入れ拡大や難民優遇、言葉狩り、ハラスメント騒動など、普通の人にとっては息苦しい世の中になっている。それに対する反発は当然である。しかしまともな政治家はこの行き過ぎた進歩主義に対して反旗を翻さない。その結果、現在の事態に違和感を持つ有権者は低レベルの自称右翼に投票せざるをえない状況になってしまったのである。

これらの勢力のもう一つの特徴は、国によって程度の差はあれ、基本的に反ＥＵという点である。なぜか。それはＥＵの中央官僚が欧州連合の本来の目的を忘れ、先述した進歩主義イデオロギーを宣伝する媒体となったからだ。今のＥＵが揺らいでいる原因の一つはこれである。このような状況を改善し、なおかつ台頭する低レベルの自称右翼の勢いを削《そ》ぐためには、ＥＵの中央官僚が経済発展や共存共栄という本来の目的を思い出し、進歩主義の押し付けをやめなければならない。加えて、欧州各国において保守勢力が本来の姿を取り戻し、保守層の代弁者になることが必須である。そうすれば、共産主義や左翼的な進歩主義とは一線を画しつつ、現実的な考え方を持つ有権者の支持も得られてヨーロッパの対露防衛力も高まる、と考えられる。

第六節　プーチン政権の内政

■外国に対する憎悪を植え付ける

日本におけるプーチン幻想の一つとして、内政においては「プーチンは保守主義者、ナショナリストである」「国際金融資本を追い出した勇者だ」といった話がある。だがプーチン政権の内政を見れば、いずれも間違っていることは一目瞭然である。この節では、プーチン政権の内政の最も特徴的な面を取り上げたいと思う。

ＫＧＢ出身者であるプーチンは、ロシア人の民族性をよく分かっている。ロシア人は強権的な指導者を好む傾向がある。そして、プロパガンダに流されやすいことも大きなロシア人の特徴である。だから政権を取ってから、プーチンの重要な課題となったのは、情報空間の独占である。その作戦の第一弾となったのは、第二節に言及した最大の敵対的テレビ局・ＮＴＶの制圧である。プーチンはＮＴＶのジャーナリスト達に、政権批判をやめて報道の方針を政権寄りに転換することを要求した。とくに、第二次チェチェン戦争に関する報道の転換にこだわった。それが拒否されると、プーチンはテレビ局の強奪を実行した。

作戦の第二弾は、ＴＶ‐６というテレビ局の閉鎖である。ＮＴＶが強奪された後、メディアの独立を守ろうとするハイレベルな記者達はＮＴＶを辞職し、ＴＶ‐６という別の民間テレビ局に移った。ＴＶ‐６は自由な報道を実践し、プーチン政権を批判し続けていた。

同局の視聴率は二〇〇一年後半に急上昇したが、プーチンはこの状態を許さなかった。二〇〇二年一月二十二日、プーチンの指示でＴＶ‐６は閉鎖された。しかし閉鎖後も彼らは圧力に屈せず、独立した報道を貫いてプーチンの批判をやめなかった。ＴＶ‐６のジャーナリスト達がコアとなって新しい民間テレビ局ＴＶＳを作り、二〇〇二年六月一日から放送が始まった。

しかしそのＴＶＳも、二〇〇三年六月に政府の命令で閉鎖された。ＴＶＳはロシア全国で最後の、独立したテレビ局となった。ただし同局が潰された直後はまだ、比較的に自由な意見を述べられる番組がいくつか残っていた。ある番組の司会者は権威のある有名なジャーナリストであり、彼らはプライドから圧力に屈しなかった。

だが、二〇〇四年内にはこのような番組もことごとく中止に追い込まれ、先述のジャーナリスト達は解任された。このように、二〇〇四年末までにロシアの全国放送のテレビ局において一切の言論の自由がなくなった。以降は地方で所々、政権批判ではないものの比較的中立の立場を取る地方テレビ局が現れることはあった。だが、すべては一時的な現象で終わっていた。

テレビのコントロールは、プーチン体制の基盤の一つである。政権に都合のいい情報しか報道しないメディアは、一般人の意識を支配してプーチンの高い支持率を支えている。ロシア人の流されやすい気質をよく知っていたからこそ、プーチンは早急なテレビ局の支配にこだわったのだ。結果として長年、ロシアのテレビは国民を洗脳し続けている。そして、ほとんどのロシア人が洗脳に抵抗しようとせずに、むしろ喜んでそのプロパガンダを信じ込むのだ。

プーチン体制のプロパガンダの基本は、いくつかのメッセージから成り立っている。すなわち、「ロシアはアメリカに匹敵する偉大な国だ」「ロシア人は選ばれた民族だ」「モスクワは第三のローマだ」「ロシアは悪いことをしているがアメリカ、西洋はもっと悪い」「西洋が混乱しているがロシアは安定している」「プーチンのおかげで今のロシアがある」「プーチンがいなければロシアは混乱する」「ロシアは敵に囲まれている。プーチンの下で一致団結して敵を打ち破るのだ！」などである。

ロシアのテレビ番組はつねに、外国に対する憎悪を植え付ける。なぜなら、心が憎しみに溢れている国民ほど支配しやすいからだ。このような主張を信じることはロシア人にとって非常に気持ちがいい。だからこそ喜んで信じるのだ。

■途絶えることのないプロパガンダ

プーチン体制がテレビ・プロパガンダをいかに重要視しているかは、次のエピソードでよく分かる。揶揄《やゆ》や誇張ではない、本当にあった話だ。

ロシアに占領されているウクライナ南部のクリミア半島で、著しい電気不足により連日、停電が続いた。ちなみにロシアはクリミア半島を自国の領土だと主張しており、クリミア住民はロシア国民であるという立場を取っている。したがって当然、クリミアの住民もロシアの国営プロパガンダの対象である。停電が長引くなか、行政はロシア政府の命令で大型自動車を多く調達し、各地の住民に「ある物」を運んだ。発電機や蓄電池ではない。何と大型テレビである。

停電した地域の広場や広い通りに、大型自動車に設置されたテレビから国営放送が流れ、周りに多くの住民が集まった。ダークファンタジーではない、実際にあった出来事だ。

プーチン体制からすれば、被害に遭った住民に最初に調達しなければならないのは物資ではなく、プロパガンダである。プロパガンダのポイントは、それをつねに続けなければならない、ということだ。プロパガンダが一度でも途絶えると、一部の人がロシア政府の洗脳を疑い始める可能性がある。だから連続性は重要なのだ。

■インターネット空間も徹底的にコントロール

インターネットが発達した現在でも、ロシア人の意識を支配するのはテレビだ。テレビでは政府が用意した情報を一方的に受けるだけだから、異なった解釈に偶然、出会うことはない。また、テレビをつけるだけで情報が勝手に入ってくるので、他に何もする必要はない。

しかし、インターネットの場合はページを開いただけでは情報が自動的に入らず、自分でわざわざ調べなければならない。テレビで聞いたことをわざわざ事実確認する人や、異なった立場からの情報を調べる人はほとんどいない。

ロシアでは現在でも、インターネットよりテレビから情報を得る人が多い。とはいえ、ロシアにおいてはインターネット空間も徹底的にコントロールされている。ロシアデジタル発展・通信・マスコミ省（旧名：ロシア通信省）には、インターネットを管理する部局がある。その名称は「通信、情報技術、マスコミの分野における連邦管理局」で、ロシア語の略名は「ロスコムナドゾール」（キリル文字：роскомнадзор）である。この部局は、ウェブサイトやブログ、SNSのページなどをブロックできる。つまり、管理局の担当者がインターネットサービスを提供する事業者に、特定のサイトをブロックするように要請すれば、事業者がそれに従うことは法的義務である。これだけでもとんでもない話だが、さらに酷いのは、この判断は裁判所の許可がなくても管理局職員の独断でできる、ということだ。

建前では、この管理局の目的は「有害コンテンツをブロックする」ということになっている。たとえば児童ポルノ、テロや自殺の呼び掛け、民族対立の煽動などを防ぐためだという。しかし事実上、現状はインターネット空間をコントロールする手段となっており、権力者にとって気に入らないコンテンツがすべてブロックされるようになっている。実際に、多くの有名な野党のインターネットサイトがブロックされており、この管理局が発足してから六年間にブロックされたページの数は三〇万件に上っている。

さらに、政権批判や政権に都合の悪い情報をSNSに投稿するだけで、ブロックを喰らうことはもちろん、逮捕されることさえある。徹底的な恐怖体制が出来上がっているのだ。

■管理局の職員が個人のアカウントにログインできる

制限のない大きな権力は、大きな横暴を生じる。同じく制限のない小さな権力は、小さな横暴を生じる。たとえばインターネットでの投稿でブロックや逮捕の目に遭うのは、政権批判をする人だけにとどまらない。各地にいる管理局の職員は、自分の判断でページのブロックができ、警察に通報すればサイトの管理人や投稿者の逮捕もできる。だから、仮に投稿された情報が政権批判と関係ないものであっても、職員の気に入らない情報であれば、自分の判断だけでブロックや逮捕ができる。先述のように裁判所の許可はいらないので、職員が「有害」と決め付けた情報はすべて有害ということになる。

仮に万が一、裁判が行われ、その情報が有害ではないということになっても、職員に対する罰則はない。たとえば政権の批判を一切せず、市役所や他の行政機関における汚職を暴く投稿であっても、管理局と結託する役人はそれをブロックできるのだ。もしくは、建設工事のせいで環境が破壊され、周りの建物が被害を受ける、という理由で建設に反対する投稿も、建設会社が管理局の職員を金で飼い馴らしてブロックできる。

インターネットのコントロールの話は、これで終わらない。まだ、もっと恐ろしいものがある。たとえばロシアの法律上、ＦＳＢなど治安維持に関わる機関の職員は、一般人の個人メールや、SNSのプライベートメッセージのやりとりを閲覧できる。さらに恐ろしいのは、職員の要請により、インターネット事業者は一般人が持っているメールアドレスや、SNSを含めた各サービスでのアカウントのログイン名とパスワードを知らせなければならない。インターネット事業者がユーザーの個人情報を提供することを拒否すれば、法律違反を犯すことになる。

つまり、以下のようなことが十分ありえる。管理局の職員は、ユーザーの個人情報を得て本人のアカウントにログインできる。そして本人に成り済まし、法律違反に該当する投稿をすれば、捏造《ねつぞう》した記述を理由に当該のユーザーをブロック、逮捕もできる。ユーザー本人が「アカウントが乗っ取られた」と言っても、通用しないであろう。

■プーチンに「許された」二つのメディア

ちなみにマスメディアに話を戻すと、ロシアで政権を批判しないメディアが全くないわけではない。いくつかの新聞と有料ケーブルテレビ局のドージュディ（直訳：「雨」）、ラジオ局のエーハ・マスクヴィ（直訳：「モスクワの響き」）がある。このような例外はなぜ存在が可能なのか。一つの理由は、ロシア政府が「ロシアには自由なメディアがない」という批判に反論するため、口実として残しておいたということである。しかし、もっと重要なのはもう一つの理由だ。これには多少の説明が必要だろう。

自由の世界に生きている我々にはかなり分かりにくいことだが、まず自由な環境に生きている人々は、自由が「あるか、ないか」という二項対立を前提に社会情勢を見る傾向がある。しかし、独裁体制においては我々の想像がつかない事情がごく普通に存在する。

前述したドージュディとエーハ・マスクヴィは、その意味で奇妙な存在である。いわば「王様の慈悲に許された反体制メディア」とでも言うべきかもしれない。これら二つのメディアは傀儡《かいらい》の反体制派や偽反体制派とは違う。「無害だから、これぐらいの勢力は残しておこう」というのともまた違う。最も大きな相違点は、本人達は「自分は本物の反対派だ」と認識しているという点である。

しかし、彼らはあくまでもプーチンに「許された」から活動できるメディアなのだ。仮に他の人が同じような放送をしようとすれば、政府局によって徹底的に潰されるだろう。しかし、この二カ所だけは例外である。もしかして、プーチンの歪《ゆが》んだ思考のなかで次のような考えが生まれたのかもしれない。「今まで他の連中を散々潰してきたのに、こいつらはなかなか諦めず、根性がある。じつにかわいらしい。許してやろう」という慈悲が。もう一つ考えられるのは、プーチンの頭の中には「簡単に潰せるが、個人的に潰したくない」人がいる、ということだ。

■都合の悪い野党候補者を立候補させない

こうしてプーチン政権下では、言論の自由とともに政治的な自由が事実上、なくなった。かつて選挙で選ばれた州知事は大統領に直接、任命されるようになった。情報空間を独占しているプーチンは毎回（プーチンの傀儡であったメドベージェフの当選一回を含めて）六割以上の得票率で当選している。ロシアのドゥーマ（国会の下院）において、野党議員が最後に当選できたのは二〇〇三年の総選挙のときである。その任期が二〇〇七年に満了してから、ロシアの国会において野党議員は一人もいない。プーチンの党である「統一ロシア」が、つねに単独でドゥーマの過半数から三分の二の議席を占めている。残りは偽野党の「ロシア共産党」「ロシア自由民主党」「正義のロシア」である。彼らは表向き野党ということになっているが、プーチン政権と裏で結託している。

ロシアの上院はもともと仕組み上、野党のメンバーが議員になれない。まず、選挙における不正が日常的な出来事となっている。選挙管理委員会は政権にコントロールされており、本当の投票結果を政権が気に入らない場合は、結果を記入する用紙に嘘の数字が書かれる。

都合の悪い野党候補者を立候補させないことも、日常的な出来事である。基本的な手段として、立候補のために選挙管理委員会に提出した書類に不備がある、という口実が使われることが多い。もちろん、候補者はまじめに選挙の準備をしているので実際は不備などありえないことだが、政権に完全にコントロールされている選挙管理委員会はそういう風に言い張る（ごく稀に、地方議会では野党議員が一人ぐらいいることもある）。

ロシアにおける集会の自由も非常に制限されている。反政府デモが治安部隊に排除される光景はお馴染みであり、その際、デモの参加者には公然と暴力が振るわれ、逮捕される。完全に合法的で町の秩序を乱さないデモ行進であっても弾圧される、ということである。ちなみに集団デモだけではなく、一人の個人が誰の邪魔もせずに広場で立ち、ポスターを掲げる場合であっても、逮捕されることが多い。正確な統計はもちろんないのだが、長年の報道から受けた筆者の感覚としては、弾圧されずに無事に終わるデモ行進は総数の四分の一程度といったところである。

■不審な病死

プーチンによる反体制派の弾圧は言論統制、デモの鎮圧や逮捕にとどまらない。殺害された人間もいる。

二〇〇三年に、社会活動家のセルゲイ・ユシェンコフが暗殺された。彼は反政府運動を続けており、一九九九年のマンション爆破事件がプーチン政権の実行によるものだという証拠を集めていた。また同年、ジャーナリストのユーリ・シェコチヒンが不審な病死を遂げた。彼は政権内の汚職を追及し、何度も脅迫電話を受けていた。さらに彼は一九九九年のマンション爆破の真相も糾明しようとしていた。しかし二〇〇三年七月、アメリカに移住する直前、急病に罹って髪の毛が抜け、皮膚が剝《む》ける状態になり、あっという間に死んでしまった。明らかに自然の病ではない。おそらく毒を浴びせかけられたのであろう。

さらに二〇〇六年、ロシア連邦中央銀行副総裁のアンドレイ・コズロフが暗殺された。彼は金融取引における不正を追及、阻止しようとした人物である。特にマネーロンダリングの阻止に躍起になっていた。事件後、ほどなくして殺し屋も殺人の依頼主も逮捕され、犯罪は正式に解決されたことになった。しかし、捜査は不自然なほどスムーズで、複数の証言によると、捜査に関わる人達は「あまり深入りしないように」と上から言われた、ということである。

投獄された暗殺の依頼主とされる男は、実際にコズロフと険悪な関係にあった。だが、その人間関係が利用され、嵌《は》められたという説もある。本当の首謀者は諜報機関関係者だという説もあり、諜報機関による汚い資本のマネーロンダリングの邪魔者であったからこそ、コズロフが消されたのだという。

同じく二〇〇六年に、反体制派ジャーナリストのアンナ・ポリトコフスカヤが暗殺された。おそらく最も有名で話題になった、プーチン体制によるジャーナリストの殺害であろう。ポリトコフスカヤはプーチン政権をつねに猛批判し、プーチンがロシアの独裁体制や監視社会を築き上げた、と主張していた。彼女の活動の大きなテーマは第二次チェチェン戦争であった。この戦争をプーチンによる許しがたい蛮行として非難し、戦時においてロシア軍や軍関係者が犯した罪を次々と暴いていった。ロシア軍による民間人の殺害、誘拐や略奪などが、彼女の記事によって明らかになった。自身も何度も戦場に入り、現地調査をしていた。ロシア軍に捕まり、強制送還を受けたこともある。

ポリトコフスカヤはロシア軍内部の人権問題も話題にした。軍において一般兵士は何の人権もなく、奴隷に近い立場にある、と主張したのだ。彼らは上官から日常的に暴行を受けて当たり前の世界であり、毎年、何百人もの一般兵士が上官の暴行が原因で死亡していることも暴いた。息子を失った一般兵士の母親達と連携し、本当の死因の究明を目指していた。プーチンにとって大きな目障りであったポリトコフスカヤが、体制側に殺害されたことは疑いようがない。

また二〇〇九年、民間会社に勤めていた会計監査員のセルゲイ・マグニツキーが拘置所で亡くなった。彼はロシア内務省や検察庁、裁判所の上層部が汚職や国家予算の私物化を図っていることを調査していた。二〇〇八年に彼は冤罪で逮捕され、約一年、裁判も行われず留置された。拘置所のなかで彼は暴行を受け、重傷を負った。至急、治療が必要だったが、入院が許可されず、そのまま治療を受けられずに亡くなった。内務省が彼を生かさないように、との意思を伝えたことはほぼ明らかである。

■プーチンと側近による国家の私物化

さらに二〇一五年、野党政治家のボリス・ネムツォフが暗殺された。ネムツォフは一九九〇年代に州知事やロシア政府の大臣などを務めた、ロシアでは有名な政治家である。エリツィンの知遇も得ており、ロシア民主派の希望と思われていた。彼はロシアが自由民主主義国家であるべきだと主張し、西洋の一員になるべきだと考えていた。しかし、そのエリツィンがロシアをプーチンを始めとするKGBの手に譲り渡したときから、プーチン政権への批判的立場に与《くみ》するようになった。

ネムツォフもまた、つねにプーチン政権を批判していた人物である。独裁体制の確立や言論弾圧、プーチンおよび側近による国家予算の私物化、そして反西洋、反米ヒステリーの言動などを彼は許せなかった。西洋に対するプーチンの敵対行為や謀略への批判、ロシアによるウクライナ侵略の糾弾さえ恐れなかった。ロシアに占領され、領有宣言されたクリミア半島がウクライナの不可分の領土であり、ロシアの占領は不法であることをつねに強調していた。

また彼は、プーチン政権は愛国政権ではなく「親中・売国政権」だと主張していた。驚くべきことに、彼はプーチン批判において言葉を選ばなかった。殺される数カ月前、ネムツォフはインタビューでプーチン個人の名前を挙げて卑語で罵った。加えて殺される前に、ロシア正規軍がウクライナに侵略した証拠を公開しようともした（ロシアはウクライナを侵略しながら、自国の参戦を否定している）。

そして殺された直後、殺人現場から数百キロ離れている彼の自宅が警察によって捜索された。普通に考えれば、犯罪究明に全く役に立たない、遠く離れた犠牲者の自宅をわざわざ捜索する必要はない。暗殺の直後にそうするのは尚更意味がない。明らかに、彼が持っていた資料を押収するために警察は自宅に入ったのだ。プーチン体制の関与した殺害であることは疑いようがない。

最後に触れたいのは、プーチンと彼の側近による国家の私物化である。「プーチンはオリガルヒ（新興財閥・資本家）を追い出して、彼らに独占された富を国家に戻した」と主張する人がいるが、それは嘘である。実際は、プーチンが追い出したのは自分に楯突くオリガルヒのみである。具体的に言えば、ボリス・ベレゾフスキー、ウラジーミル・グシンスキーが亡命し、ミハイル・ホドルコフスキーが投獄されたことである。彼らはいずれも億万長者であったが、プーチンとの権力闘争に敗れてロシア社会から追放された。

しかし他方、プーチンに従うオリガルヒのほうは追い出されなかったどころか、プーチンの大統領就任後、財産を何倍も増やしたのだ。たとえば石油王のロマン・アブラモヴィッチやヴァギト・アレクペロフ、富豪のオレグ・デリパスカは生き残っただけではなく、ベレゾフスキーら三人が絶頂期に持っていた財産より、遥かに多くの富を持つようになった。

しかし、もっと重要なのはプーチンの友達が億万長者になったということだ。たとえば、約一六〇億ドルの財産を持つゲンナジー・ティムチェンコである。彼はプーチンと親しいことで有名である。プーチンが一九九〇年代前半にサンクトペテルブルク市役所で勤めていたことから、二人は知り合い、共にビジネスを行うようになった。中間階層の実業家であったティムチェンコはプーチンが大統領になってから急激に財産を増やし、億万長者になった。また、彼の少年時代の友人であるアルカディ・ローテンベルクもプーチン在任中、億万長者になった。ローテンベルグの正式な財産は「たった」三〇億ドルだが、実際はその何倍もあるであろう。ローテンベルグが運営する建設会社は、ロシアにおける大規模な建設工事をすべて請け負っている。

たとえば、ロシアからクリミア半島に架かる橋やソチオリンピック、二〇一八年のサッカーワールドカップに必要な工事をすべてローテンベルグの建設会社が請け負っていたことなど。また、弟のボリス・ローテンベルグも億万長者である。ユーリ・コヴァリチュクも市役所勤務時代にプーチンと知り合い、同じくプーチンの大統領在任中に億万長者となった。コヴァリチュクの公開資産は「たった」一四億ドルだが、彼はプーチンがマネーロンダリングなど金融の不法行為に使っている銀行の代表取締会議長を務めているので、実際の財産はもっと多い。

また市役所時代の部下であり、二〇〇八～一二年の大統領・同年以降の首相であるドミトリー・メドベージェフも事実上の億万長者であり、多くの財産を持っている。彼が保有するロシア各地にある約一〇カ所の豪邸は書類上、非営利財団やチャリティ財団が所有しているが、組織の代表はメドベージェフの同級生達である。

しかしもちろん、最も多くの隠れ財産を持っているのはプーチン本人である。彼の資産は当然、非常に複雑な方法で隠されており、書類上の所有者とプーチンとの繋がりを証明するのは困難である。彼の財産の多くはロシア国外、とくに「脱税天国」とされる離れた島国の銀行に保有されている。一例として、二〇一五年に流出したパナマ文書によると、プーチンと親しいチェリスト、セルゲイ・ロルドゥギンの「脱税天国（タックス・ヘイブン）」における口座に二〇億ドルがあることが分かった。ロルドゥギンは四十年来のプーチンの友達だが、自分のビジネス基盤を持たない、純粋な音楽家である。だからこのような財産を持つわけがない。つまり、これはプーチン本人の財産であるということだ。この件は偶然、公開されたが、プーチンは莫大な財産を同様の形で保有していると思われる。

また、インターネットでも写真が出ているリゾート地にあるプーチンの豪邸の建設費は、約一〇億ドルと言われる。西洋のジャーナリストの予測によると、プーチンの隠れ財産は約二〇〇〇億ドルに上るということである。資源輸出で莫大な金を稼いでいるロシアにおいて、十八年間も絶対的な独裁権力を持っているのだから、十分ありえる数字である。

ここで言及した人物はあくまでも一例にすぎない。ロシアの経済を独占しているプーチンの友達や親戚は、他にも多くいる。ちなみにプーチンや彼の側近が持っている財産は、民間企業だけの形を取っているのではない。ロシアの国営企業もまた、プーチンの友達に支配されている。ロシア最大の企業で、天然ガスや石油の生産や供給を行う国営企業、ガスプロムの社長アレクセイ・ミレルは市役所時代のプーチンの部下である。同じく市役所時代の部下であるイーゴリ・セーチンは、ロスネフチの会長を務めている。ロスネフチもガスプロムと同様に、石油や天然ガスの生産を行なっている国営企業である。形としては国営企業だが、事実上「プーチン財閥」の企業である。

二〇〇〇年の就任以降、プーチンは非常に運がよかった。石油価格の高騰により、彼は天然資源の輸出で天文学的な金を手に入れた。このような状況においては、どんなに国の財産を私物化しても、そのほんの少しだけでも国民に分ければ、ロシア人はそこそこの生活水準を保つことができた。プーチン体制に対する反発が起きなかった理由の一つがここにある。

つまり、上が莫大な金を盗んでも、国民の生活水準も上がっていけば、ほとんどのロシア人は文句を言わない。それはプーチンのロシアにおける「社会契約」であった。つまり、国民はある程度の豊かさを「頂く」代わりに、言論の自由を諦めて独裁体制を黙認し、上層部の予算の横領も黙認する、ということだ。

ところが二〇一四年以降、対露経済制裁の発動や石油価格の暴落のため、ロシアの収入は減り、上が盗める富の総量が減った。この状況で、プーチンはどの部分を削ったのか。当然、国民に分ける部分である。ルーブルの価値は二〇一四年に半分となり、国民の生活水準の低下はすでに五年間続いている。しかし、プーチンや彼の友達は自分の取り分を決して削らない。彼の側近の企業の多くは西洋による対露制裁の対象となり、西洋において取引ができなくなっている。これで当然、多くの損が生じる。

こうした状態のなかでプーチンは、経済制裁によって損失が生じた企業に対して、損失分の同額をロシアの国家予算から補充することを定めた法律をロシアで施行した。つまりプーチンが起こした犯罪によって、プーチンの友達が受けた損を、一般のロシア国民の税金で補うということだ。当然、この法律によって補充を受けられるのはプーチンや彼の側近が関わる企業のみである。

このような法律を通す一方で、ロシア人の年金受給開始年齢が引き上げられることになった（二〇一九年一月より女性五十五歳、男性六十歳からの支給をそれぞれ六十三歳、六十五歳へ段階的に引き上げ）。その理由を、ロシア政府は財政的にやむをえない措置だとしている。側近の億万長者を国家予算で支援する資金、対外プロパガンダや謀略を起こす資金、ウクライナに対する侵略戦争やシリア戦争に使う戦費はいつでも潤沢にあるのだが。

以上のように、プーチンは決して保守主義やナショナリストではない。また、悪質な資本家を追い出したのでもない。独裁体制を確立するために愛国者のポーズを取っているが、彼にとって大事なのはロシアの発展や国民の暮らしではなく、自分の権力や富の独占である。彼が帝国主義の意識を持っているのは間違いない。だがそれはロシア国家のためではなく、個人のエゴのためなのである。

第七節　中露関係――「プーチンは反中」という幻想

■ロシアを新中華秩序の一部に

日本において、プーチンに関する最も代表的な幻想は「プーチンは反中である」ということだ。故に、多くの日本人は「中国を抑止するために、プーチンのロシアと協力することができる」と思い込んでいる。このように思っている人の理論はおおよそ以下のとおりである。

一、「中露は国境線を接している。国境を接する国家同士は基本的に仲が悪い。大国同士である中露の場合は尚更そうである。歴史的に見ても、ロシア帝国はかつて明・清、両帝国の領土であった沿海州を奪っている。中国はそれを百年スパンの作戦で取り返そうとしており、ロシアは奪った領土を守ろうとしている。中ソ国境紛争の歴史はまだ遠い過去ではない。中露は互いに潜在的な敵国意識を持っている。また、二〇〇五年にプーチンは三三七平方キロメートルの領土を中国に割譲せざるをえなかった。それをロシアは今でも屈辱だと思っており、中国に対して恨みがある。さらに現在でも、沿海州に限らず、中国はロシア極東、そしてシベリアの領土を明らかに狙っている。すでに何百万人もの中国人がロシア国内に住んでおり、帰るつもりはないであろう。ロシアの一〇倍の人口を擁する中国にとって、人口が少ないロシア極東はとくに進出しやすい地域である。したがって、ロシアの領土不可侵に対する最も大きな脅威が中国であることは間違いない」

二、「多くのロシア人はこのような状態に気付き、中国に脅威を感じており、中国人を嫌っている。だからロシアの愛国者であり、ロシアの安全保障や誇りを守るためにプーチンは中国を恐れ、中国からロシアを守ろうとしている。今は、中国を下手に挑発しないように習近平にいい顔をせざるをえないが、心の中では中国を抑止する方法を探しており、その現実的な方法を提案できれば、プーチンは乗るだろう。プーチンが本当は中国を恐れており、抑止する方法を探っていることは非公式に日本政府にも伝わっている。だからこそ安倍総理はこれほど必死に日露関係を強化したがっている。ロシアとの関係を改善すれば、日露印で本格的な中国包囲網を確立することができる」

なるほど、たしかにこの説は非常に論理的であり、理屈として正しい。さらに補足すると、中国の軍事費はロシアの三倍であり、正規軍の数は平時でも約二倍。もし予備兵を動員すれば、さらに戦力差が出てくる。しかも、装備や兵士の訓練度という面では、五十年前の紛争と異なり、現在の中国軍はロシア軍に決して劣っていない。ロシアが中国に明らかに優っているのは、核兵器の面のみである。したがって、現時点において中露間で通常兵器のみの戦争が起きたとすれば、ほぼ確実に中国が勝つであろう。だからロシアにとって中国は軍事的な脅威である、ということは理に適《かな》っている。

また現在、話題になっていることとして、中国企業は大量にロシアの森を伐採して木材を輸入している。中国企業はロシアにおいて森林伐採の許可を得ており、伐採した樹木をそのまま貨物列車に乗せ、中国に運搬している。伐採の規模は広大な面積に及び、すでに環境破壊となっている。さらに伐採を実際に行うのはロシア人ではなく、現地に住み着いた中国人の作業員である。

ロシア人の立場になって考えると、先述したことは由々しき問題であり、中国を何とかしなければならない、という態度になるだろう。ところが、先述した「プーチンは中国を恐れている」という説には決定的な欠陥がある。それは単純に「現実にはそうなっていない」という点である。どれほど説得力があり、論理的に完璧な説であっても、事実でなければ意味がない。

現実には、プーチンは中国を恐れていないどころか、ロシアが中国に依存する体制づくりを積極的に進めており、ロシアを新中華秩序の一部にしようとしている。その理由はいくつかある。

まず、中国はすでにロシアの第一の貿易相手国であり、ロシア製品の最大の市場となっている。先述した木材だけではなく、食料や天然資源など各分野におけるロシアの製品は、いずれも大半が中国に輸出されている。また、西洋から経済制裁を受けているロシアは、西洋における金融取引が厳しく制限されている。制裁に加わっていない中国はロシアにとって非常に重要な金融取引の相手であり、資金の調達元である。ちなみにロシアはすでに中国に天然資源を輸出しているが、さらに新たな「シーラシビーリ」（ロシア語の直訳で「シベリアの力」）という名の大規模なガスパイプラインを建設している。まるで大きな経済発展の原動力になるかのように、ロシアは大々的にこのガスパイプラインを宣伝しているのだ。建設費は約五〇〇億ドルであり、一年に運べるガスの量は六〇〇億立方メートルである。

なお、中国がいくらでガスを買う予定かは秘密にされている。おそらく破格の安さだから、ロシアは恥ずかしくて公開できないのだろう。ロシアはヨーロッパ諸国には高い料金でガスを売っているので、中国に安く売っていることが公開されたら、ヨーロッパ諸国も値段調整を求める可能性がある。ロシアはそれほど中国を優遇してまでガスを売りたい、ということである。

ロシアによる中国や中国企業の優遇は著しい。先述した、中国企業による森林の伐採もその一環である。他の外国企業なら、このようなことが許されるわけがない。また、中国企業は大量に中露国境に近いロシアの領土を借りており、その期間は何十年もの長期契約である。当然、そこに中国人が住み着くことも許されている。もし、地元で反対運動が起きても、中央政府から地方行政に「中国企業の要望どおりにするように」との強い圧力がかかる。またこれもよく言われているが、「ロシア国内にいる中国人の居住者や観光客に不自由や不愉快な思いをさせないように」という指示が上から下っている。

さらに、ロシアは公式に中国との取り引きをドルではなく、人民元で行うことを提案している。理由としてはドル体制からの脱却がある、とされている。その準備段階として、いまロシアの外貨準備高に占める人民元の比率が急激に上がっており、二〇一八年の時点で五％に達した。ロシアがもし人民元流通圏となれば、主権を失うのと同然であるが、ロシアの政府関係者はその点をいっさい口にしない。

■すでに出来上がった中露の軍事同盟

次に、中露の軍事同盟についてはこれから起きることではなく、すでに出来上がった事実なのである。ロシアは中国に最新の武器を大量に輸出するだけではなく、軍事技術や宇宙に関わる技術もすべて提供している――つまり、中国が自力で同じような武器を製造できるように。また、中国軍とロシア軍は合同軍事演習を毎年行なっている。ロシア国内での陸軍の演習もあれば、東シナ海などで海軍の合同演習も行なっている。

二〇一五年九月三日に北京で行われた戦勝記念パレードに、プーチンが参加していることも記憶に新しい（余談だが、このパレードを筆者は当時「反日発狂祭り」と名付けた。ちょっとした自慢になるが、この表現はパレードの本質をよく表している気がする）。欧米の首脳は一人も出席しなかったが、プーチンだけは仲良く習近平と一緒にパレードを見ていた。あの訪問は、プーチンがどの陣営の人間なのかがよく分かる行為であろう。

中露間には正式な安全保障条約こそないが、関係の親密さで言えば完全な同盟国である。中露同盟は地政学的に見て自然であり、両国ともに主敵、仮想敵国として認定しているのはアメリカである。中国もロシアも単独の力ではアメリカに劣っているが、国力を合わせればアメリカに近付くことができる。この単純明快な計算が、なによりも中露同盟を頑丈なものにする。

■中国についての報道はべた褒め

最後に、ロシアのテレビにおける、中国に関する報道である。前の節で言及したとおり、ロシア人の大多数の意識を支配しているのはテレビ・プロパガンダである。そのプロパガンダは徹底的なものであり、プーチンがロシア人に思わせたいことを忠実に国民の頭に刷り込んでいる。大きな流れとして見れば、ロシアのテレビが放送するプロパガンダの内容は、プーチン政権の公式見解に近いと言っていい。

では、そのロシアのテレビは中国や中露関係について、どのように報道しているのだろうか。まず中国そのものについての報道だが、ほぼ完璧なべた褒めである。ここ数十年の中国がいかに急激な発展を成し遂げたか、現在の中国経済はいかに規模が大きく堅調なのか、という点がつねに強調されている。

また二〇一八年に顕在化した、米中の貿易対立に関する報道は著しい。「中国が傲慢なアメリカによく対抗している」「中国は貿易戦争で勝っている」「中国頑張れ」など中国を全面的に応援しており、中国有利の展開に対して喜びを隠していないかのような報道である。また、ロシアのテレビに出ているプーチン政権寄りの評論家やジャーナリスト達は一斉に「中国が勝つ」と、まるで自分のことかのように誇らしげに言い張っている。

さらに、中露関係に関する報道もプーチン政権の対中認識を表している。中露関係がいかに堅実なものか、経済や安全保障の関係がいかに深いか、つねに中露友好が強調されている。

プーチンやメドベージェフの訪中や、習近平を始めとする中国の高官との会談が行われる度に、それらはロシアのテレビのメインテーマとなり、中露関係がいかに友好で堅実なのか、首脳同士の信頼がいかに深いか、大々的に宣伝される。

また先述したプーチン政権寄りの評論家やジャーナリストは、つねに以下のように主張している。すなわち「中露離脱、中露分断工作を企んでいる外国勢力がある。しかし期待するな、ロシアの敵ども！　我々の関係は歴史上、最高に頑丈なものである。中露友好には楔《くさび》を打ちようがない！　我々はさらに関係を深めて、お前らに打ち勝つのだ！」と。

■プーチンは親中である

このような報道を見れば、プーチンがロシア人にどのような対中認識を植え付けたいのか、明らかであろう。反米親中の世論はプーチンにとって都合がいい。プーチン政権の基盤となっている、と言っていいかもしれない。このような世論のおかげで、ロシアにおける中国人や中国企業の優遇、中国への領土租借の実態を目にしている地元から反対がいくらあっても、大多数のロシア人は問題視しない。

以上のように、「プーチンは反中」という幻想は完全な誤りであることが分かる。プーチンはきわめて親中である。それはプーチン政権の内政や外交、経済方針やテレビ・プロパガンダの論調から明らかな事実である。もしかすると、プーチンはロシアの歴史上、最も親中の度合いが強い指導者なのかもしれない。スターリンもかなりの親中であったが、スターリンの場合、中国は力関係的にソ連より下であった。プーチンの場合、ロシアより国力が優る中国にのめり込んでいるのだ。

第八節　なぜプーチンの欧米陣営への鞍替えはありえないのか

■「トランプ大統領と安倍首相が協力すればプーチンを説得できる」？

前節で説明したとおり、プーチンのロシアは中国と親密な関係を持っている。それにもかかわらず、日本においては、ロシアを中国包囲網に引き込むことができると考えている人が多い。彼らはおおよそ以下のように主張している。

一、「ロシアはたしかに今のところ中国と密接な関係にあるが、プーチンは仕方なく中国に友好的な振る舞いをせざるをえないのであって、中国依存から脱却する方法を探している。だから日本がいい話を持ち掛ければ、それに乗る可能性がある」

二、「日本一国だけでロシアを引き込むのは無理であっても、日米ならできるはずだ。米中新冷戦のなかでトランプはロシアと友好的な関係を築き、日米側に引き込むのが狙いだ。だからトランプ大統領と安倍首相が共に協力すれば、プーチンを説得できる」

さらに、先述の二つとは多少違う話もある。すなわち、

三、「プーチンを日本の味方にすることは無理だろう。しかし、敵に回さないことぐらいはできる。ロシアと平和条約を結んで経済的に援助すれば、ロシアは中国の対日侵略には付き合わないはずだ。日本がつねにロシアを経済的に援助すれば、ロシアは金の卵を産む鶏を自分の手で殺さないだろう。日本を助けることもないが、中国と共同で日本を侵略するようなこともしない、という可能性はある。中露を共に同時に相手にするよりは、中国のみと対立したほうがマシだ」ということだ。

たしかに三つ目の話は、最初の二つと比べたら理屈としてはまだマシである。だが、この考えを持っている人も中露関係の本質を理解していない。本節においては、なぜプーチンの

ロシアは中国と距離を置き、欧米陣営に鞍替《くらが》えすることができないのか、解説したい。

■最大の理由は地政学

第七節で詳述したように、ロシアはすでに中国に依存している。中国はロシアの第一の貿易相手であり、資金調達の源である。中国と距離を置くことは、中国市場で今までどおり儲けられなくなることを意味する。また、すでにかなりの数の中国人がロシアに移住しており、中国企業がロシアの土地を大量に借りている。人民の保護、投資保護を口実に、中国はロシア領の一部を制圧する可能性がある。装備では劣らないが、数では優っている中国軍を敵に回すことが、ロシアには怖くてできない。

しかし、本当に大事なのは前述した理由ではない。ポイントは、仮にプーチンが物理的に中国から離脱できたとしても、彼は絶対にそうしない、ということだ。

最大の理由は地政学である。プーチンはアメリカを始めとする西洋を敵だと認識している。前節で取り上げたような、西洋に対する謀略や他の敵対行為はその敵意識を最もよく表している。さらに言えば、プーチンは中国というバックがあるからこそ、西洋に対して強く出られるのだ。同時に、その逆でもある。つまり欧米と対立しようとしているから、中国に逆らうことができない。今のロシアの国力では、欧米と中国を同時に相手にすれば一〇〇%潰される。したがって、必ずどちらかの陣営には付かなければならない。

そして、中国もロシアを必要としている。米中一対一の対立であれば、中国は間違いなく負けるが、ロシアの力が加わったら、辛うじて対等に近い。だから中露は互いを必要としており、相手が潰れたら困るのだ。ロシアは中国が潰れたら困る。単独では西洋と対立できないからだ。同じく中国もロシアが潰れたら困る。単独ではアメリカと対立する力が足りないからである。

中露は互いが潰れないように支え合っている。だから日本であろうが、アメリカであろうが、中国包囲網や中国抑止の話をプーチンに持ち掛けたところで、プーチンは絶対に乗らないのだ。中国が潰れることでいちばん困るのはプーチン本人である。中国共産党体制の滅亡は、必然的にプーチン体制の滅亡を意味しているからだ。

■「人を殺してもよい」という考え方

先述したロシアが中国に依存する体制は、自然に出来上がったものではない。中露同盟はプーチンが自ら意図して作った体制だ。二〇〇〇年代前半の時点ではまだ、ロシアを欧米陣営に組み入れる可能性はあった。しかしプーチンは自分の意思で、ロシアを欧米陣営の一員ではなく、中華秩序の一部にするという選択をした。なぜならプーチンは、民主主義や法の支配という価値観を受け入れないからだ。彼の肌に合っているのは独裁体制や恐怖政治である。

基本的な考え方として、欧米陣営においては「人を殺してはいけない」という共通認識が一応は存在する。たしかに欧米諸国も沢山人を殺しているので、偽善に思われても仕方がないが、やはり「人を殺さないで済むなら、殺すべきではない」という考え方は緩やかに欧米諸国の支配層に広まっている。少なくとも、それを理想として掲げてはいる。

しかし、プーチン本人や彼の出身組織であるKGBにおいては、最初から「人を殺してもよい」という考え方はごく普通である。KGBにおいては、殺人はやむをえない最後の手段ではない。最初から使っても構わない通常の手段である。

同様に多少、例外はあっても、欧米において法の支配は一応機能している。それに対して、プーチンがロシアに築き上げたKGB体制においては、最初から権力者の都合や意思は法律に優るのだ。さらに、国家の私物化という点においても、プーチンの常識は西洋の常識と相容れないものである。

しかし、このプーチンの常識は中国の常識と共通している。中国もロシアと同じような独裁体制であり、自由や民主主義はない。また「最初から人を殺してよい」という考えや、「法律より権力者の都合が上だ」という点も同じであろう。共産党幹部による国家予算の横領も同じである。

以上のような共通点が、中露の二国を自然な同盟国にしている。中露は共にアメリカを憎んでおり、アメリカを妬んでいる。そして「アメリカの代わりに世界の覇者になりたい」という野望を持っている。しかし単独でそれが実現できないことを理解しているからこそ、互いを必要としているのだ。

■中国がロシアの領土を併合しない理由

両国の国力を総合的に見れば、中国はロシアよりもかなり強い。ロシアは中国に依存しており、中国はかなりの程度ロシア国内に進出している。普通に考えれば、ロシアにとって恐るべき状態である。にもかかわらずなぜ、プーチンは安心して中国共産党に身を委ねるのか。

疑問に思うであろうが、答えは簡単である。それはロシアが中華秩序の一部であるかぎり、プーチン体制は安泰だからである。少なくとも、中国の手でプーチン体制が倒されることは一〇〇％ありえない。中国からすれば、プーチン体制が続く限り、ロシアは中華秩序の一部であり続ける。しかしプーチン体制が覆ったら、次の指導者は中国からの離脱を図ろうとするかもしれない。それは中国にとって厄介なことである。だから欧米陣営に寝返る恐れのないプーチンは、中国にとって安心・安全で最高なロシアの指導者なのである。それをプーチン自身もよく理解しているので、中国を恐れていない。

中国のほうもロシアを潰すつもりはないし、領土を併合するつもりもない。理由は先述したアメリカとの対立において、ロシアの国力が必要だからである。しかも今の中国は、ロシアの国力を一〇〇％利用できる状態にある。親中プーチン政権が習近平の言うことを絶対に聞くからである。

仮に、中国がロシアの広大な領土を併合すると決めたとしよう。その場合は軍事力を総動員して、ロシア極東やシベリアの地域を制圧しなければならない。もしくは中国人を戦略的に、大量にロシア国内に入れ、その地域に「北中華」などの名前をつけて、ロシアからの独立を宣言させる。あるいは土地の買い占めなど似たような方法でロシアの領土を制圧する。中露の国力の差を考えれば、不可能な話ではない。しかし、中国はそれを一〇〇％実行しないだろう。もし実際にロシア領土を併合したら、どうなるか。当然、残ったロシア人は中国の敵になり、全員が中国を憎むようになる。そして、米中対立において中国は不利になる。

たしかにロシアのシベリアや極東を制圧できたら、中国は膨大な領土や資源を手に入れて、さらに巨大な国家になれる。しかし、それで中華陣営全体が強くなるかといえば、ならないのだ。ロシアの東半分を制圧した場合、中国の国力はどれほど上がるのか。正確な計算は難しいが、今のロシアの国力の二、三割が中国の国力にプラスされる、といった程度だろう。しかも残った半分のロシアは敵になる、というマイナスも生じる。中国にとってそれでは足りない。習近平はロシアの国力を一〇〇%自分のものにしたい。というか、ほぼ手中にしている。ロシアはすでに中国陣営の一員だからだ。したがってロシアの国力のたかが二、三割を呑《の》み込むために、ロシアを丸ごと利用できる現状をわざわざ潰すわけがない。

中国にとって、地球儀でシベリアと極東がどの色に塗られているかなど二の次の話なのである。重要なのは、その膨大な領土が中華陣営の勢力圏にある、ということなのだ。中国にとっては、「ロシア連邦」という形をそのまま残し、友好を謳《うた》いながら段々ロシアを中国化することが最善の方法である。

以上の理由から、中国はロシアに対して敵対行動を取らない。プーチンもそれを十分に理解しているので、中国を恐れていない。とはいえ、プーチンは本当にロシアが少しずつ中国に呑み込まれていくことを厭《いと》わないのか。じつは厭わないのだ。その理由は先述したとおり、プーチン体制の安寧にある。それどころか、ロシアが中国化すればするほど、プーチン体制は磐石になるのだ。

■プーチンを中国から離れさせることはできない

余談だが、筆者の母国であるウクライナにおいても、日本におけるプーチン幻想と似た現象は存在する。酷似というわけではないが、多少の共通点がある。これは面白いので紹介したい。

ご存知のとおり、ウクライナは現在、ロシアからクリミアおよびウクライナ東部二州（ドネツィク州とルハーンシク州）の領土侵略を受けており、ロシアと戦争をしている。その中で、一部の、あまり地政学を理解していないが、中途半端に政治に興味のある人の間で、以下のような話をたまに聞くことがある。「プーチンはウクライナを攻撃して、西洋にも偉そうにしているけど、中国の前にはぺこぺこだ。大国ぶっているけど、中国に侵食されっぱなし。いっそ中国がロシアを併呑《へいどん》してしまえば、プーチンらはウクライナ侵略どころじゃなくなる。実際、中国はロシアを呑み込む隙を狙っている。よっしゃよっしゃ、中国がロシアをやっつけてくれる！　やっちゃえ中国！」。日本におけるプーチン幻想と似た、短絡的思考である。

ウクライナでこのようなおかしなことを言う人間がいるのは、ウクライナ人としては恥ずかしい。「お前ら、ロシアは中国の助けのおかげでウクライナを攻撃できたことを理解していないのか！」と言いたいところである。以上、余談終了。

では、ロシアが中国から離れることはいかなる状況であってもありえないのか。じつはそうとも限らない。可能性は非常に低いが、ロシアが中国から離脱する可能性は一つだけある。それは、ロシア国内で革命的な変化が起き、親欧米派、民主派が政権を取ることである。前節で言及した、ロシア民主派のリーダーだったネムツォフはすでに「プーチン政権は親中政権である」と警鐘を鳴らしている。ロシア民主派の人びとであれば、ロシアの立ち位置は欧米陣営、自由民主主義陣営であるべきだと考えている。彼らは西洋の基本的な価値観を共有しており、中国共産党のやり方を受け入れないだろう。したがって、中華秩序からの離脱を実行しようとするはずだ。

しかし、ロシアにおいて民主派が政権を取る可能性は非常に低い。プーチンが築き上げた現在の独裁体制において、彼らの居場所は全くない。また徹底的なテレビ・プロパガンダによって、ロシアの民主派には完全に売国奴、西洋の手先というレッテルが付いている。今のロシアにおいて民主派の支持率は一割にも満たず、せいぜい五％程度である。ロシアで教養が最も高いモスクワ市内であっても、民主派の支持率は二〇％程度で留まっている。この状態では、プーチンの代わりに政権を取ることはできない。

ロシアにおいて民主派が支持を得るのは、一般人の意識がひっくり返るような天変地異が起きないかぎり不可能である。しかし天変地異が内発的に起こることはありえず、外からの力でプーチン体制を崩壊に追い込まなければならない。したがって少しでも中国からロシアを離脱させるような手法で、中国追従のプーチン体制を崩壊に近付ける必要がある。

以上のように、日米がどんなに頑張っても、プーチンを中国から離れさせることはできない。プーチンは、自分がアメリカと喧嘩しているようなポーズを見せられるなら、いくらでも習近平に頭を下げるだろう。彼にとってはアメリカと対等に対立している（ように見える）状態が、喜びや満足感を与えるからだ。この理想的な状態を自分から変える必要はない。価値観の面においても、プーチンのＫＧＢの価値観は中国共産党の価値観と共通している。プーチンが西洋の首脳と分かり合うのは不可能であるが、中国共産党の幹部とは十分に分かり合える。だから日本人も「プーチンは反中である」という何の根拠もない幻想は捨て、中華秩序の一員であるプーチンのロシアと現実的にどう接するべきかをしっかり考える必要がある、と筆者は考えている。

第二章　ロシアは「約束を破るために約束をする」

第一節　ロシア人の歴史認識

■日本に関する教科書の記述

本節で取り上げる「幻想」とは、プーチン個人に対する幻想であると同時に、ロシア人全体に対する幻想でもある。多くの日本人はプーチンやロシア人について、以下のような二つの幻想を抱いている。

一つ目は「ロシアでは、中国、韓国、北朝鮮とは違って、反日教育はない」。

二つ目は「ロシアやプーチンは、中国人や韓国人と違って、過去にこだわっていない」。

しかし、このような幻想もまた、日本にロシアに関する情報が十分届いていないこと、一部の日本人はロシアに関する思い込みが強いことを意味している、と言わざるをえない。

まずロシアの歴史教育について、ロシアの学校で使う世界史の教科書から、日本に関する記述の日本語訳をいくつか引用しよう。

「ヨーロッパの全体主義体制の味方となったのは、日本の軍国主義である。それは伝統的な

権威主義、攻撃的な民族主義、侵略と覇権欲といった要素から成り立っている。

初めて平和を破ったのは日本であった。日本は一九三一年から一九三三年の間に満州地方を占領して、そこで保護国の満州国を作った。西側諸国は形式のみの批判にとどまった。

一九三六年にドイツと日本は防共協定を結び、一九三七年にイタリアが加盟した。主な議論は反共、反ソ論だったが、事実上、それは世界覇権を目指す国同士の同盟だった。しかし西洋の民主主義国の間では、日独伊の脅威は十分に理解されなかった。

一九三七年の日本の中国侵略に対して、アメリカとイギリスは対抗措置を取らなかった。これが、ヒトラーのヨーロッパにおける拡張主義を促した。一九三八年に、ヒトラーはすべてのドイツ人が『同じ家』に住まなければならない、と主張した。

ソ連は一九三七年から日本の侵略に対する中国の抵抗を支援しており、日ソ関係悪化の原因となった。

一九三八年、ソ連と満州地方の国境線にあたるハサン湖近辺で日本軍はソ連領に侵略したが、撃退された（張鼓峰事件）。翌年、さらに規模の大きい衝突がハルハ川で起こった。五月に、日本軍がソ連の同盟国であったモンゴルの国境を侵したのである（ノモンハン事件）。

一九四〇年十一月のベルリン訪問の際、ソ連のモロトフ外相は『日独伊三国同盟にソ連は加盟しないのか』と提案された。それはソ連がイギリスとの戦争に参戦し、ご褒美として南海のインド、イラン方面への拡張の機会をもらうことを意味していた。もしこの提案が受け入れられたら、イギリスの敗北後、ソ連の安全保障はドイツと日本の首脳の企てに左右されるようになっていただろう。

だが日独の二カ国は国際条約を平気で無視するということをすでに何回も見せてきた。フランスの敗北後、日本はインドシナを支配下に入れた。アジア太平洋地域の覇権を目指す日本の支配層が南進を選んだ動機は、イギリスの苦戦であった。結局、日本は一九四一年四月に日ソ中立条約を結んだ。ソ連の首脳はこの条約を日本が守る保証はないと考えたが、同条約は部分的に極東の安全保障を維持した。

一九四一年十二月七日には、日本海軍がアメリカ海軍の太平洋における中心基地である真珠湾を攻撃し、大型戦艦の一部を沈めた。同時に、アジアにおけるイギリスの植民地も攻撃された。このようにして、世界の大国すべてが戦争に巻き込まれた。

さらに一九四五年の八月六日にアメリカが広島に、九日に長崎に原爆を落として、この二都市を、人口を含めて完全に破壊した。犠牲者数は数十万人だった。原子爆弾の空爆地の近くにいた人間が数十年後、死亡することもあった。八日にはソ連が同盟国に対する義務に従って日本に宣戦布告を発して、満州地方にいた数多の日本陸軍を敗北させた。一九四五年九月二日に日本は降伏した。

戦争を起こしたドイツと日本ではそれぞれ六五〇万人、二六〇万人が死亡した。

戦争の最も大事な結果の一つは、大多数の国の国民と政府による、自己中心・我欲的で、国際法や条約を無視する政治の危険性を理解したことであった。戦争を起こした国の敗北とその国のリーダーの戦犯としての認定、国際裁判による裁定が、史上初めて人々に死と惨事をもたらした政治家の行為の個人責任を問う事例となった。

帝国主義的な拡張は日本の対中国侵略によって始まった。大恐慌の時代では、拡張主義的な考えは日本社会に広く宣伝されていた。日本首脳は、拡張を経済危機を乗り越える方法と見なした。拡張によって国内をアウタルキー（注：自給自足経済）にしようとし、日本人は領土拡張を近代世界への扉と考えた。当時の世界における工業大国はすべて帝国だった。

一九三〇年代には『征服の思想』が日本国民を統一し、特殊な国家の神話の起源となった。この考えを批判的に分析できる勢力は国内でほとんど残らなかった。

日本における一九三〇年代の特徴とは、天皇崇拝を伴う民族主義、愛国主義の急激な上昇だった。日本社会では弾圧の脅威を与えて体制順応を広め、国民教育では国家の軍事的価値観の尊敬を育成していた。軍国主義的な民族主義の波が、議会や政党の影響力上昇によって現れ始めた自由主義的な傾向を飲み込んだ。

【年表】

一九三一年九月十八日　東北中国への日本の侵略の始まり
一九三二年三月　満州国という傀儡国家の成立宣言
一九三三年三月　日本の国際連盟離脱
一九三七年　日本の北中国、中央中国への侵略、北京、上海、南京攻略。南京で凄惨な虐殺が起き、三〇万人の中国人が殺される
一九三八年　日本軍による南中国占領
一九三九年　ハルハ川において、ソ連軍が日本軍を全滅させる

満州地方の占領後、国際連盟は日本を侵略者と認定して経済制裁や軍事制裁を科すことを拒んだ。これが後年、日本が中国を相手に大規模な戦争を始めることを事実上、可能にした。

日本に侵略された中国国民に助けの手を差し伸べた唯一の国は、ソ連だった。ソ連は独立のために戦う中国国民の主たる武器入手先となった。一九三七〜一九三九年の時点では中国で約七〇〇人のソ連軍パイロットが戦っていた。一九三八年から中国軍の幹部にはソ連の軍事参与が加わっていた。中にはのちの大祖国戦争（後述）の将軍達もいた」

以上は、ロシアにおける標準的な一九三〇年代の記述である。一つ一つ検証するまでもなく、中韓並みの歴史歪曲は一目瞭然であろう。ロシアにおける対日歴史認識がよく分かる。歴史の解釈という点においては、ロシアに反日教育は「ちゃんと」あるのだ。それに対して、このような反論が予測される。すなわち「歴史教科書にはたしかに出鱈目《でたらめ》が書いてあるが、それでもロシアは中国や韓国のように大々的な反日キャンペーンは行なっていないし、反日ヒステリーも起きていない」と。たしかにこの反論には一理ある。しかし根本的に、この反論は重要なところを見落としている。

ロシアの反日教育は規模こそ中国や韓国と比べて小さいが、反日歴史認識自体は現実に学校で教えられている。ここが重要な点だが、つまりロシアにはあらかじめ反日の種が蒔いてある、ということだ。すなわちロシア人は潜在的に反日歴史認識を持っている。ということは、必要に応じていつでも民衆を煽動し、反日ヒステリーを起こす工作活動は簡単なのである。前の章で解説したロシアのテレビ・プロパガンダは完全にロシア人の頭脳を支配しており、もしこのプロパガンダを通して反日感情に火が付けば、反日ヒステリーはロシアにおいて瞬時に燃え上がるのだ。

■「予備兵力」としての反日

それではなぜ、現在のロシア政府は今のところ反日ヒステリーを発動させていないのか。理由はおおよそ二つである。

一つ目は、プーチン政権にとって日本は「敵」としての優先度が低い。プーチン政権の主敵は、アメリカを始めとする西洋諸国である。次に憎むべき対象はロシアの支配から逃れたがっている旧植民地、バルト三国、ウクライナ、ジョージアである。敵としての日本の優先順位はさらに下である。プーチンは第一にロシア人の間で反米ヒステリー、反西洋ヒステリーを醸成しなければならない。第二は反ウクライナ、反リトアニアなどのヒステリーであり、反日は後回しになる。

しかし日本人は喜ぶべきではないし、安心してはいけない。なぜなら反日が後回しになったからといって、ロシアから消え去ったわけではないからだ。ロシアはつねに「予備兵力」として反日を温存してある。必要なときにそれは発動される。ロシアのプロパガンダにおいては、主敵であるアメリカやイギリスに対する反英米ヒステリーはつねにあるが、加えて必要なときに他の国や民族に対するヒステリーが煽動される。

当該国と対立が生じたときに、ロシアは相手国に対して全力を挙げてプロパガンダを行う。たとえば先述した反ウクライナや反バルト三国のヒステリー以外には、反ポーランド、反トルコ、反チェチェンヒステリーである。

二つ目は、「今はまだ反日ヒステリーの時機ではない」ということだ。現在、反日ヒステリーがまだ全面的に発動していないのは、現在のプーチンにとって戦略的に必要ない、ということである。今のロシアは日本に領土に関する妥協をさせ、日本から金を巻き上げることを目指している（詳細は後述）ので、今反日ヒステリーを全開にすれば、日本はロシアから離れていくかもしれない。しかし「日本からもう何も得るものがない」と判断すれば、反日ヒステリーが起きるであろう。

ロシアの政府が必要に応じて反日歴史認識を発動するのは、たとえば次のような表現によってである。以下、在日ロシア連邦大使館の公式ツイッターからの抜粋である。

「第二次世界大戦中、日本はヒトラー率いるナチスドイツの同盟国であり、ソ連は米、英、中国などの国々とともに、残忍なヒトラー体制と闘う反ヒトラー連合に入っていました。このような理解は国連憲章（とくに一〇六条および一〇七条）にも記されています。

人類に対するナチス体制の恐るべき犯罪行為はのちに国際社会から裁きを受け、罪人はニュルンベルグ裁判の判決に従って厳罰に処されました。ヒトラー体制と同盟を組み、アジア太平洋地域で戦争を引き起こし、アジアにおいて恐ろしい悪事を働いた日本の帝国主義は東京裁判で有罪となりました。

このように、一九四五年八月九日に開始された軍事行動はソ日だけに関わる出来事ではなかったのです。

この軍事行動はナチスドイツと、軍国主義日本を含め、それを支援した「枢軸国」が起こした第二次世界大戦の終結を加速させるため、ソ連が連合国との合意の下に行なったものなのです。言い換えれば、日本という太平洋の侵略国との戦いにおいて、ソ連は連合国への支援を行なったのです。

ソ日不可侵条約については、事実上、この条約への悪意ある違反を締結後間もなく始めたのは日本であることを指摘しなくてはなりません。

日本によるソ日不可侵条約違反の例：日本の政権はソ連船の津軽海峡通行を禁じました。ソ連船は極東海域で定期的に日本の軍艦による海賊的ともいうべき攻撃に遭い、沈没させられました。また、救出され日本に辿り着いた船員は投獄されました。

こうした極東での日本によるソ連船の航行妨害は東京裁判で立証され、国際法の観点から、日本が間接的に対ソ連開戦の準備を行なっていた、つまり不可侵条約に違反したものと認められました」

また、ロシア外務省が以下のような声明を出している。

「日本の岸田外務大臣の発言に関するロシア外務省のコメント

二〇一五年一月二十一日

日本の岸田外務大臣が一月二十日、訪問先のベルギーで行なった発言に当惑しています。

岸田外務大臣は発言の中で、ウクライナ情勢と『北方領土』問題、つまり第二次世界大戦の結果としてわが国に帰属するロシアの南クリル諸島を日本ではこのように呼んでいるわけですが、このふたつを類似のものとして扱いました。とりわけ、『力による現状変更』が問題であるとの発言がなされました。

これについて改めて述べておくと、世界への覇権を確立するべく、第二次世界大戦前の現状を力によって破壊し、多くの国々を占領したのは他でもない軍国主義日本とナチスドイツです。それを岸田氏は……（中略）……事実上、歴史を逆さまにひっくり返し、戦争の原因と結果についての一般認識を修正しようとしています。

残念ながら、日本政府は依然として歴史の教訓を学ぼうとしないと言わざるをえません。第二次世界大戦における連合国の勝利から七十周年にあたるこの年に、このように歴史の記憶が失われることは許されません」

■エリツィンの謝罪は例外中の例外

このように、必要に応じてロシアが反日の歴史認識を持ち出すことは十分にありうる。繰り返しになるが、以上のような歴史認識はプーチンを始めとするロシア人の公式見解であり、それをほとんどのロシア人は唯一の史実として認識している。ロシア人の認識では、日本は一方的な悪者である。当然、ソ連による騙し討ちの日本侵略が正当化されているだけではない。満洲における日本人の大虐殺も、シベリア抑留も無視されている。エリツィンは一度、シベリア抑留に関して謝罪しているが、それは一回切りの謝罪で終わっている。ロシア人の多くはシベリア抑留のことをそもそも知らないし、知っている人のほとんどは罪の意識がない。また一回切りの謝罪のみで、一切の賠償責任も問われていない。プーチン政権になってからは謝罪すらない。だからエリツィンの謝罪とは例外中の例外であり、むしろ普段のロシアの態度を強調している。当然、日中戦争も日米戦争も日本が進んで起こした戦争ではなく、ソ連が率いるコミンテルンの謀略によって起きたものである、という事実も表に出ていない。

ロシア人による対日歴史認識は、以上のようなものである。さらに、ロシア人の歴史認識全体について解説したい。ロシアの歴史認識とは、どんなに酷いことをやってもそれを正当化する、という原則に基づいている。ご存知のとおり、ロシアの面積は一七〇〇万平方キロメートルで、世界最大の面積である。あの巨大な中国のさらに二倍近い。当然、このような膨大な領土はロシアの侵略や征服の繰り返しによって手に入れたものである。ロシアの歴史とは領土征服の歴史と言っても過言ではない。さらに、ロシアが現在領有していないが、かつて領有していた領土はさらに約五〇〇万平方キロメートルに達する。当然、その領土も侵略によって手に入れたものである。しかし、ロシア人は平気で「ロシアは歴史上、他国を侵略したことがない」と言っている。ロシア人の解釈では、ロシアが現在持っている領土と、かつて持っていた領土はすべて、現地人の希望でロシアへ編入されたことになっている。他国からは「嘘にも程がある」と言われているが、ロシア人はこのような荒唐無稽な解釈に違和感を覚えない。

また余談になるが、ロシア人の領土に対する執着は異常なものである。ロシア人は八、九割方、いかなる領土に関する妥協にも猛反対する。しかし、侵略によって強奪した領土がロシアに併合されることにはいつも大喜びするのだ。また、侵略によって強奪した領土の返還に対しても猛反対が起きる。つまり、国際法や正義感を完全に無視し、つねに自分に都合よく状況を解釈しているのだ。

たしかにどの国の国民であっても、自国の領土が増えたら喜び、減ることには反対するかもしれない（反対しないのは現代日本人ぐらいなのではないだろうか）。とはいえ、他国の国民はロシア人ほど領土に執着はない。現にイギリスによる香港の返還や、イスラエルによるシナイ半島返還など、平和的な領土返還の例が歴史には存在する。だが、ロシアからそのような振舞いは期待できない。相手が中国であれば例外だが、それは前章で説明した事情によるものである。

ロシア人の領土執着がいかに異常かについては、他国との比較よりも、むしろロシア本国の地理的条件が多くを語る。ロシアはあれほど広い領土を持っていてもなお新しい領土を欲しがり、現在、不法占領している他国の領土の返還を無条件に拒否する。先述したようにロシアの国土面積は一七〇〇万平方キロメートル、中国の約二倍の面積を領有している。しかも、その領土の多くは未開発のまま放置されている。開発できる領土が有り余るほどあってもなお、新たな領土を無限に欲しがるのだ。常識的に考えれば、クリミア半島や千島列島に固執するよりは、膨大なロシア大地の開発に力を入れたほうがよほどロシア発展のためになる。しかしロシア人の思考は違う。すでに持っている領土を未開発のまま、新たな領土拡大の夢を見ている。このような思考はロシア人が昔から持っている特徴なので、ロシアとの外交を進める上でつねに念頭に置かなければならない。

以上、余談終了。

自分の過去について一切、間違いを認めないことはロシア人の歴史認識の基本である。どのような弾圧や虐殺を行なっても、それらはすべて正当化されるか、否定される。もしくは「それはロシア人の責任ではない」と責任転嫁される。これもロシアと西洋諸国の違いである。西洋諸国においては、自国の過去で暗い歴史がある場合は、「痛切な反省」や「謝罪と賠償」こそないが、一応当時の行為は間違っていた、という認識はある。ヨーロッパ諸国は、かつての植民地支配は間違いだったと認めており、北米においても、かつての先住民の虐殺は間違いだったたという理解がある。当然、間違いを認めたからと言って、現状が変更されるわけではない。だが、間違いを認めたことそのものが、これから同じような間違いを起こす可能性を低くする。しかし、ロシアは過去の度重なる蛮行について謝罪はもちろんのこと、その行為が間違っていたことすら認めないのだ。あろうことか、さらにそれを正当化する。だから、同じような蛮行をこれからも平気で繰り返すのであろう。

ちなみに、プーチン時代のロシアの歴史解釈において、スターリンは立派な指導者であるとして高く評価されている。その理由は、一つには第二次世界大戦の勝利に国家を導いた強いリーダーであること、もう一つは産業化を実現し、強い国家を築くことができたということである。スターリンの虐殺のすべてが「強い国家を築く過程において、やむをえない犠牲だった」と正当化されている。その点について、ロシアの民主派は「このような歴史解釈はスターリン主義の復活に繋がる」と懸念を表明しているのだが、先述したプーチンのテレビ・プロパガンダの前に、ロシア民主派は無力である。

■ロシア人の「勝利教」

現在のロシア人にとって最も重要な歴史的な出来事とは、第二次世界大戦での勝利である。その勝利はロシア人にとって、ただの「誇れる歴史の出来事」ではない。それはいわば精神的なよりどころである。ロシア人に「何を誇れるか」と聞いたら、十中八九、「大祖国戦争での勝利」と答える。ソ連が戦った第二次世界大戦の部分を「大祖国戦争」と呼ぶのであるが、ロシア人の「大祖国戦争史観」は歴史認識の基礎である。それは「歴史」の認識という次元を遥かに超えたものである。国家の正統性の源であり、一種の崇拝対象である。ちなみにその思考はソ連時代よりも、プーチン時代のロシアのほうがさらに強くなっている。

ソ連時代には、「大祖国戦争」の勝利を記念するパレードは戦後四回しか行なっていない。しかしソ連崩壊後、ロシアでは一九九五年以降、勝利を記念するパレードが毎年行われている。日付は「勝利記念日」の五月九日である。しかもプーチン政権になってから、パレードは年々、規模や勢いを増しており、派手なイベントの数が増えている。たとえば今のロシアでは、各地の住民が大勢集まって「大祖国戦争」で戦った先祖や親戚の写真を掲げながら行進するイベントが流行っている。それは、勝利に対する誇りと愛国心の表れとされている。

毎年、記念パレードの際にプーチンを始めとするロシア高官は揃って以下のようなメッセージを表明している。すなわち「その勝利はいかに偉大だったのか」「偉大なロシア民族が世界をナチスから救った」「勝利を過小評価してはいけない」「勝利を誇らなければならない」などである。形式上、ロシアの宗教は正教会であるが、それはたんなる形だけの信仰にすぎず、本当に信心深い人は少ない。

真にロシアの宗教と呼べるのは「勝利教」である。神格化された「大祖国戦争」の勝利を、ほとんどのロシア人が信じている。ちなみに、この宗教には信者間の世代格差もない。全世代のロシア人が「大祖国戦争」の勝利を神格化しており、心から大事に思っている。

もっとも、多くのロシア人が本気で祝う祝日は先述した五月九日の「勝利記念日」である。彼らにとってはロシア独立後五百年の歴史のなかで、「大祖国戦争」での勝利が国家の正統性の源であり、「建国理念」に近い役割を果たしている。つまり、ロシア人の意識では「ロシアはなぜ偉大なのか。それは大祖国戦争に勝ったからだ」「ロシア人は何を誇れるのか。あの勝利である」ということになる。この「信仰」は他の連合国の戦勝国史観をはるかに超えるものである。世界中で最も「第二次世界大戦での勝利」にこだわる国は、ロシアである。中国もかなり拘泥しているが、中国にとって第二次世界大戦はあくまでも反日プロパガンダの道具にすぎず、戦争勝利を国家の正統性の源にしているロシアとは比較にならない。

英米においても勝利記念日は一応祝っているが、戦争を思い出すのは記念日のときのみであり、普段は第二次世界大戦当時の常識で現代の国際関係を考えるようなことはしない。たとえ英米が第二次世界大戦そのものを再評価することは期待できないにしても、それを抜きに日本が外交を進めるのは十分可能である。

しかし、ロシアはつねに国際関係を第二次世界大戦の状況に当てはめようとしているので、過去の認識を抜きに物事を考えられない。ロシア人の頭の中にある「現実」の中では日本は永遠に敗戦国の位置にあり、対等な交渉相手として認識されていない。北方領土問題について、ロシアがつねに「第二次世界大戦の結果」と主張する理由はここにある。ちなみに、彼らの常識のレベルにおいて中国共産党はロシアの「戦友」であり、最も親密な同盟相手である。

以上のように、ロシアには明確な反日教育があるだけではなく、ロシアが国家の正統性の源にしている第二次世界大戦の勝利という認識において、日本は「ロシアがやっつけた敗戦国」である。したがって、現代に即した認識と日本を対等な相手として扱う態度をロシア人から期待することは無意味である。さらに、実力を背景にしないロシアとの交渉は、いかなる場合においても無意味であるだけでなく、有害である。

第二節　「アニメが好きなロシア人は親日」という勘違い

■文化に興味があるから親日とは限らない

もう一つの日本で広まっている幻想とは、「ロシア人には日本のアニメが好きな人が多いので、親日家が多いに違いない」ということである。さらにこの幻想のもっと広いバージョンは「ロシアでは日本文化や日本武道が好きな人が多く、彼らは親日に違いない」ということである。

そして、よく「プーチン自身が日本武道をやっているので、日本の伝統や文化をよく理解している」と言われている。しかし、これもまた現実に基づいた考えではなく、希望的観測である。つまり、「こうあって欲しい」という強い願望から「こうに違いない」という錯覚に陥ってしまうのである。しかし現実にはそうなっていない。日本の文化に興味があるという理由で、その人が親日になると思い込んでいる日本人は認識が甘い、と言わざるをえない。

その国の文化が好きだから、またはその国に興味があるから、という理由でその国のシンパになるとは限らない。

たしかに日本では、特定の外国の学問分野を専門にする人がその国のシンパになることはよくある。たとえば、ロシア文学を専門にする人が親露派（一昔前は親ソ連）になったり、中国哲学を専門にする人が親中派になったりすることは頻繁に聞く話である。また、日本の外務省における「チャイナスクール」「ロシアスクール」「アメリカスクール」は有名であり、日本の外交官であるにもかかわらず、日本の国益ではなく、外務省の中で専門とする国の国益を優先するという悪しき習慣は存在する。

しかし、外国、ましてロシアではこのような事例は滅多にない。いずれの分野においても、日本を専門にする人が親日になるわけではない。もちろん、アメリカを専門にするロシア人が親米になることもない。

むしろ、専門の対象とする国をよく知り、その特徴や弱点を把握することで、当該国に対するロシアの外交を有利に進めることに貢献するのが、外国を専門に研究する人々の目的である。これ自体は批判されるべきことではなく、むしろ普通の姿勢だと言わざるをえない。

■「日本人はヒトラーの味方」「騙し討ちの攻撃を受けた」

この姿勢は仕事ではなく、趣味の世界であっても同じである。プーチンにとって日本武道はあくまで身を守る手段であり、闘う方法である。殺人を通常手段とするＫＧＢ出身のプーチンが、武道をやっているから日本文化を理解していると期待することは、いわゆる「お花畑思想」の類のものであると言わざるをえない。

日本では、韓流ドラマを見すぎて韓国に憧れるあまり、韓国人になりたいとまで思う日本人はそれなりにいる、と聞いている。また、アメリカンドリームを題材にした映画を見て、アメリカ人になりたいと思う日本人もそれなりにいるようだ。しかし、同じように、日本のアニメを好きなことによって日本そのものを好きになり、親日になると考えるのは、先述した「お花畑思想」である。

じつは、筆者自身も日本に興味を持つきっかけの一つは日本のアニメであったので、一時期、日本のアニメをかなり見ていた。またその頃、ロシアのアニメが好きな人達のコミュニティと交流があった（筆者はロシア語が話せる）ので、彼らが考えていることを直に聞くことができた。

彼らのなかには、趣味として本当に日本のアニメに熱心な人もかなりいた。アニメグッズの一大コレクションを持ったり、コスプレショーなどのイベントを開いたり、日本への旅行を計画したりする人がいた。一見、まさに「親日」に当てはまる人達である。

しかし、趣味ではなく現実世界の話になれば、まるで別人のようになる。北方領土のことを聞いたら、大抵「一島も返すべきではない」「あの土地は我々の先祖が血を流して獲得したものだから、返還は先祖への侮辱である」「アニメは大好きだし、日本人とは仲良くしたいけど、なぜ彼らが私達の領土を狙っているのか理解できない。仲良くしたらいいのに（女の子の場合）」「そんなに領土が欲しいなら、米軍基地を撤退させて空いた土地に住んだらいいじゃないか」「アメリカに支配されているくせに日本人はロシアに文句言うな！」「趣味と国家は別だ」「クリル諸島が欲しいなら、方法は簡単だ。日本列島がロシア領になればいい。それだったら日本人は皆ロシア国民になるので、いくらでもクリル諸島に住める」などである。

さらに歴史について聞くと、「日本人はヒトラーの味方だった」「日露戦争でロシアは日本に騙し討ちの攻撃を受けた。ソ連の対日参戦はそれに対する正当な報復だから、文句を言われる筋合いはない」「今の日本人は戦争に負けてから大人しくなったが、昔は残虐だった。731部隊で人体実験をやっていた。捕虜の首を切り、中国人の民間人を大量に殺していた」と言っている。

強調するが、以上の意見を述べたのは日本のアニメが好きな人達、つまり最も親日のはずの層である。ましてや、アニメに興味がない一般ロシア人の意識を想定することはさほど難しくないであろう。当時、このような発言を聞いて筆者は驚いたが、よく考えれば、趣味はどうであれ、ロシア人はロシア人なのである。筆者が関わった人の中で、多くはないが一定数、「アニメそのものは好きだが、日本や日本人は大嫌い」という人もいた。本当にごく稀に、北方領土返還を容認し、ソ連の対日参戦を批判する人達がいた。しかし繰り返しになるが、それはアニメが好きな人の層に限る話なので、ロシア全体で考えれば、その比率はさらに少ない。

■中国と韓国を見れば実証済み

そもそも、アニメが好きな人が多い国が親日国になるわけではないということはすでに実証されている。世界の中で、日本のアニメファンが最も多い国はどこか。それは中国である。また、日本のアニメが好きな人の比率が最も高い国はどこか。それは韓国である。しかし、両国は親日国だろうか。決してそうではない。

日本のアニメが好きな人という点では、中国は数で、韓国は比率でロシアに優っている。また日本文化や日本武道に興味のある人の数も、ロシア人より中国人や韓国人のほうが多い。

しかし、それは全く親日とは関係ないものである。中国と韓国は世界最大級の反日国家である。この自明な事実を、「アニメが好きなロシア人は親日」という出鱈目を流している日本人はなぜ無視しているのだろうか。

このように、大衆文化や伝統文化、もしくは日本武道への興味が、当該国の人々を政治的な親日にするわけではない。そのようなケースがあるのは事実だが、実際には稀であり、そうならない場合がほとんどである。同じように、日本文化に興味がある人が多いという事実は、当該の国を親日国にするわけでもない。甘い幻想を捨てて、厳しい現実を認識することが日本の国益のためになるのではないか、と筆者は考えている。

第三節　現代ロシア人の日本像

■友好は「ロシアへの服従」を意味する

前の節においては、プーチンを始めとするロシア人がどのような歴史認識をもっており、日本の歴史や日露関係の歴史についてどのように考えているのか、解説した。同じく、ロシア人の領土に対する意識や日本との領土問題（ロシアの言い方では「南クリル諸島に対する日本の領土主張」）に対する姿勢にも言及した。

本節においては、現代のロシア人が日本全体についてどう考えているのか、解説したい。もちろん日本全体の認識には歴史問題や領土問題も影響しているので、それを抜きにしてはロシア人の対日イメージを語れない。ロシアにおいては日本が好きな人であっても嫌いな人であっても、昔の「日本が悪かった」ことと、「南クリル諸島に対する不当な領土的野心」を日本の欠点として取り上げている。

歴史に関しては、多少、日露関係史に詳しいロシア人であれば、一八五五年の下田条約（日露和親条約）でロシアは日露友好のためにそれまでロシア領であった南クリル諸島を善意で日本に譲った、と主張している。

さらに、一部の人は「北海道のアイヌはロシア朝廷に朝貢をしており、それはロシア支配を認めていたことを意味する。本来はロシア帝国が北海道を領有するはずだったが、ロシアは日本に配慮して侵攻しなかった」と主張している。それこそがロシアが日本に対して友好的だったことの証しだ、とまで彼らは考えている。そして「ロシア人の寛大さに対して、日本人はロシア皇太子を襲い、騙し討ちで日露戦争を吹っ掛けた。全く恩知らずの民族だ」と思っているのだ。

さらに、天皇陛下について「ソ連のスターリン崇拝が批判されるが、日本だって皇帝崇拝があったではないか。現在でも、一部の狂った民族主義者が日本の皇帝を崇拝している」と主張する人もいる（筆者からすれば、日本の国体の奥深さや皇室の尊さに対する理解をロシア人から期待することはもちろんできない。だが、それでも世界最古の王朝と一代限りの独裁者を同列に考えるのは、無知や非礼の極みである）。だからソ連による対日参戦は、ロシア人からすれば、先述した「ロシアに対する敵対行為への当然な報復」ということだ。したがってロシアは正当に南千島を「取り戻した」のだ、という理屈になる。

以上のことを前提として、現代のロシア人は日本のことをどう考えているのであろうか。その答えはもちろん人によってばらばらである。先述した認識はロシア人のほぼ全員が持っているが、それ以外の面では、考え方は人によって異なる。日本が嫌いなロシア人は「日本人は嘘つきで本当のことを言わない」「日本は住居や道が狭くて住みにくい」「職場では人間を家畜扱いしているが、それに抵抗しない日本人にはぴったりの扱いだ」「奴隷根性が強い」など。

しかし、嫌いな人についてどれほど論じても仕方がない。日本のことが嫌いな人は、どの国でも一定数はいるであろう。重要なのは、「日本のことを嫌いじゃない人」である。彼らは、日本の長所とされる面を指摘する。まず「日本人は勤勉だ」「日本は技術が発展している」「文化が奥深い」「インフラが整っており、社会保障が充実しているので住みやすい」などと言う。だから日本に「住みたい」もしくは「住んでみたい」と言うロシア人もいる。

本当に大事なことなので何度も繰り返し言うが、たとえ日本のことが好きなロシア人であっても、「昔の日本は悪かった」「北方領土は一島も返すべきではない」と考えている。それだけではない。たとえ日本が好きなロシア人でも、「今の日本はアメリカに支配されている」と考えている。彼らの頭の中では、アメリカが日本の民族主義者と結託し、存在しない北方領土問題を掻《か》き立て、日露友好を妨害していることになっている。

基本的に、ロシア人の頭の中で友好とは「ロシアへの服従」を意味している。ロシア人は他国のロシアへの服従は当たり前の自然状態だと考えているので、それに反発が起きることを想定していない。したがって、反発が起きたときはそれを「敵対行為」と認識する。ロシア人は、他の民族には独立意思があるということを理解できない。だからこそ、ロシアへの服従に抵抗を示す民族がいることに対して驚くわけである。日本人の皆さんにはなかなか理解できない感覚だろうが、ロシア人はそういう国民である。

■「鳩山由紀夫の日本」が理想像

ちなみに、筆者は今でもロシア人と接することがある。ご存知のとおり、現在のロシアはウクライナを侵略しており、戦争が続いている。しかし、一般のロシア人は「なぜウクライナが反露になっているのか分からない。前みたいに仲良くしたらいいじゃない」と言うのだ。この思考には仰天するが、一般のロシア人は本当に、ロシアの侵略にウクライナが抵抗する動機を理解していないのだ。

日本に対する意識も同じである。ロシア人は本気で「日本がアメリカの勢力圏から離脱し、ロシアの勢力圏に入れば日本人は幸せになる」と思っているのだ。試しに多くのロシア人の話を聞いて、ロシア人の理想的な日本像を想定してみよう。おおよそ、以下のとおりになるのではないだろうか。「第二次世界大戦についてつねに罪の意識を持ち、中国や韓国に謝罪し続ける。そして日米安保を解消し、北方領土を放棄する。さらに憲法九条を堅持した上で、親露政権を樹立し、ロシアに延々と無条件な経済援助を続ける」。

このように弱く、自立しておらず、ロシアの言うことを聞く日本こそが、ロシアにとって理想的な日本像である。つまり「鳩山由紀夫の日本」「菅直人の日本」の完成版とでもいうべき姿である。日本が好きなロシア人はたしかにいるが、彼らが好きな「日本」とは以上のような国なのだ。しかしこのような日本になることを、日本人自身は本当に望んでいるのであろうか。

第四節　ロシアの対日戦略

■「今」は日本侵略を目指していないだけ

日本人からよく「昔と違って、今のロシアは日本侵略を目指していない。日露は利害が一致するところでは協力できる」という話を聞くことがある。また「中国と違って、ロシアやプーチンは日本にとっての軍事的脅威ではない。日本の防衛政策は対中防衛に集中するべきだ」とも言われている。

この論理構造の中で、「今のロシアは日本侵略を目指していない」という部分だけは事実である。しかしこの事実だけを切り取って、「ロシアは日本にとって脅威ではない。対中防衛に集中したらよい」という結論を出すことは間違っている。なぜなら、この事実は極東情勢の小さい一部にすぎず、全体的な状況はもっと複雑だからである。

一つ目は、「今のロシアは日本侵略を目指していない」という文章の重点は「目指していない」ではなく、「今」である。ロシアはあくまで「今」は日本侵略を目指していないだけであり、過去には目指していたし、未来に目指す可能性もある。

それでは、なぜロシアは「今」日本侵略を目指していないのか。現在のロシアにはその力がないからである。つまり、今のロシアは日本の侵略を「したくない」のではなく「できない」のだ。しかし、もしロシアが日本侵略をできるほどの力を身につければ、状況が変わる。もし日本侵略で利益を得られると判断すれば、ロシアは躊躇《ためら》うことなく日本を侵略するであろう。つまり、ロシアの日本に対する考え方は昔から変わっておらず、十分な国力がないだけである。この点を絶対に勘違いしてはいけない。「物理的に可能になったときに侵略を実行する」というのはロシア外交の基本であり、昔から一貫した姿勢である。

たとえば、ウクライナのクリミア半島の占領と、東部への軍事攻撃がそれを物語っている。ソ連崩壊直後から、ロシアはクリミア半島支配の夢を見ていた。しかし、二十三年間それを実行してこなかった。なぜか。ロシアはこの間、クリミアを強奪する状況ではなかったからだ。十分な国力がなかったし、ウクライナにもまだ抵抗できる戦力が残っていた。しかし、二〇一四年にクリミア強奪が物理的に可能だと判断した瞬間、ロシアは侵略を実行した。つまりロシアはどこかの領土を侵略できる状態になれば、つねにそれを実行するということだ。

■中国が要請すれば間違いなく応じる

二つ目は、中国の影響である。今のロシアはたしかに単独で日本を侵略する力がない。しかし、もし中国と共同であれば、侵略の可能性がある。中国とロシアの国力を足せば非常に強い力になるし、前の章で解説したように、中露軍事同盟はすでに出来上がった事実だからである。そして中露同盟の中で主導権を握っているのは中国であり、ロシアは基本的に中国に従っている。だから、仮に中国が日本への侵略を決めてロシアに協力を要請したとすれば、ロシアは間違いなく応じるであろう。大きな地政学的な動きにおいては、ロシアが中国に従わないことはありえない。だから今のロシアが単独で日本を侵略できないからといって、ロシアを警戒する必要がない、ということにはならない。

さて、先述した事情を前提に、現在のロシアはどのような対日戦略を持っているのか。じつは、今のロシアは単独の力で日本を侵略できないにしても、日本に害を与えることはできる。今のロシアの対日戦略とは「日本に対して何も与えず、日本から最大の利益を吸い取ること」である。前の節で記したように、現在のロシアが反日プロパガンダを全開にしない理由はここにある。

いくら日本でも、ロシアが大々的な反日プロパガンダを流せば、日本はロシアから何も得るものがない、と感じて離反する恐れがある。そこで、ロシアは予備軍として反日感情を温存しているのである。そして、プーチン政権は「日本からもう何も引き出せることはない」と悟ったときに、反日プロパガンダを全開にするだろう。

では、ロシアは日本から何を求めているのか。答えは以下の四つである。

一、北方領土のロシアへの帰属の確認と日露平和条約の締結
二、日本からの経済支援や日本企業のロシア国内への投資
三、日本の技術の提供と人材育成への協力
四、（可能性は低いが、理想としては）日米同盟解消（もしくは縮小）と日本の中露側への転向

以上を実現するために、ロシアは主に二つの方法を使っている。

一つは、北方領土問題である。先述したように、ロシアは北方領土を返還するつもりは全くない。しかし「返還するかもしれない」という態度に見せかけることによって、日本から利益を引き出そうとしている。だからロシアは「絶対返還しない」とは言わず「交渉する余地がある」と言っている。それを受けて、日本はロシアが領土返還に応じるよう、様々な分野における支援を検討している。

日本人は「見返りがあればロシアは領土を返還するかもしれない」と思い込んでいる。そして、ロシア人は日本人がこのように思っていることを知っている。だから返還するつもりは全くないのに、返還するかもしれない、という態度で日本人を釣り、利益を引き出そうとしている。「ロバの鼻先に人参をぶら下げて働かせる」という揶揄はロシアの作戦にぴったりである。

なお、この作戦でロシアは日本から資金や技術という利益を引き出したいだけではない。「南クリル諸島を日本に譲ったら、そこにアメリカの軍事基地ができるかもしれないから、安全保障上、譲ることができない。南クリルに米軍基地は絶対に置かないという保証がない限り、ロシアは返還交渉に応じられない」という主旨の言説をロシアから聞くことがある。だが、それはまさに日米に楔を打つための工作である。日本がこのような話に応じたら、日米の信頼は磐石ではなくなり、亀裂が生じる可能性が出てくる。ロシアはそれを狙っているのだ。

■対中抑止という「餌」

もう一つの方法については、筆者も確たる証拠はないので、あくまでも憶測に基づくものである。この点に限っては、仮説として聞いていただきたい。筆者の仮説とは、「ロシアは日本政府に対して『中国抑止に協力する』と提案している」というものである。なぜ筆者はそう思ったのか。それは日本において、「対中抑止にロシアを使える」という期待が広まっていることを、ロシア政府が知らないはずがないからだ。だからロシアはそれを利用しようとするはずだ。先述した北方領土返還という「餌」と同じく、対中抑止という「餌」を使うことは理論上、十分可能である。

筆者がこの憶測に辿り着いたのは、次のようなことがあったからである。筆者は以前に何人かの安倍晋三内閣総理大臣を強く支持する言論人と話したことがある。彼らから、以下のような話を聞いた。すなわち「中国とロシアはかなり対立しているが、プーチンは中国を抑止する方法を探っており、安倍総理の協力がプーチンにとって必要だ。これは私が直接、政府関係者から聞いた情報だから間違いない」と。

もしこの言論人の話が本当であれば、日本政府において「中露が対立している」と思っている人は少なからずいる、ということになる。しかし、前章で解説したように中露は親密な同盟関係にある。したがって、彼らが対立することは一〇〇%ありえない。

それでは、なぜ日本政府の中に「中露が対立している」と思う人達がいるのだろうか。筆者の憶測は、その間違った情報はロシアから得たのではないか、ということである。つまり、ロシアは非公式に日本政府に「表は仲がいいが、じつは我々は中国を警戒している」という情報を通達した、ということである。

もちろん、実際には今の中露は対立していない。しかし中露が対立しているように思わせたら、日本人から利益を引き出しやすくなる。だから、このような形で情報工作を行なっているのではないか。さらに安倍総理大臣の対露外交を見れば、安倍氏は、本当にプーチンが対中抑止に役立つと信じているように見える。ロシアからそのようなことを伝えられたからではないか、という印象を受ける。

■「右翼活動家」をロシアの手先にする

しかし、ロシアの対日戦略は「餌をぶら下げる」作戦に終始しているわけではない。日本には、親露派言論人や政治家がかなりいる。彼らのうち何割の人間が自分の意思で親露的言動を行なっているのか、何割がロシアの餌に釣られて取り込まれているのか、筆者には分からない。だがロシアが今後も、それなりに知名度のある日本人を懐柔しようとすることは間違いない。

典型的なやり方の例は、ロシア大使館が主催するイベントの無料招待状を送り、懐柔することである。その後、様々な形の接待をすることによって当該の人をロシアに有利に動かそうとするのである。筆者が直接聞いた話では、ある「右翼活動家」がロシア大使館の宴会に招待された、ということである。安倍政権を「ぬるい」と批判し、千島全島と南樺太の返還や日本の即核武装を主張している「右翼活動家」を、ロシア大使館の宴会に招待する意味はあるのか。

いや、じつはあるのだ。接待や金で懐柔して、日本の「右翼活動家」をロシアの手先にすることである。多くのヨーロッパの自称「右翼」がそうであったように。筆者が知っている限り、先述した人物はその後も信念を貫き、ロシアに懐柔されなかった。しかしこの人と同じく招待を受け、なおかつ誘惑に負けてしまった人もかなりいる、と想像できる。だから日本の言論空間において、「ロシアに取り込まれた」人がいるのは間違いない。彼らを通して、ロシアは日本の世論を自分に有利な方向に向けようとしている。ロシアに有利な世論は、直接の親露言説だけで誘導されるものではない。たとえば過剰な反米や反グローバルな言説で、結果としてロシアに有利な動きが起きる可能性があるのだ。

このようにロシアが現在、日本に侵略できないからといって、ロシアを警戒しなくてもよいということにはならない。ロシアは日本に対して様々な工作を仕掛けている。それが成功しないように、十分注意しなければならない。日本の親露派言論人の言説に振り回されてはいけないのである。

第五節　安倍政権の対露外交は間違っている

■日本が得るものは何もない

すでに解説したように、日本はロシアに中国を抑止することも、北方領土を返還させることも期待できない。それを前提として、この六年間、安倍政権が展開している対露外交について考えたいと思う。

最初に言っておきたいが、本節において筆者はウクライナ人としてではなく、日本を好きな人間の一人という立場から考えを書くこととする。ウクライナからすれば、日露関係がどうなろうが、日本がどのような対露政策を取ろうが、その結果、日本がどうなろうが、ほとんど影響がないからだ。日本の支援でロシアの経済が多少よくなる可能性はなくはないが、中国がすでに行なっているロシアへの支援と比べると、日本の支援の影響は限られている。したがって、日本からの支援の有無がロシアの存亡を決めることはなく、ウクライナとロシアの対立において大きな影響はない、と考えられる。

だから本節において、筆者はウクライナ人というより、親日外国人、日本をよくしたいと思い、日本の復活・発展と繁栄を心から望み、自分の将来を日本と結びつけて考える人の立場から、安倍政権の対露政策について考えたいと思う。

さて、安倍晋三総理大臣は二〇回以上プーチンと会い、友好をアピールしているのだが、総理の目的は何であろうか。総理の言動から判断すると、それはロシアと友好関係を作り、領土問題を解決した上で日露平和条約を結ぶことである、ということになる。一見もっともらしく映るが、じつは安倍総理の対露外交の本質を表す言葉は「対露軟弱外交」もしくは「対露国益献上外交」である。なぜなら安倍総理の政策は、ロシアが一方的に日本から利益を引き出すだけであり、代わりに日本が得るものは何もないからだ。

たしかに「仮に何も得られなくても、その国と友好関係を結ぶこと自体がいいことだから、日本にいい印象を持ってもらうために支援しよう」という考え方もある。しかし前の節で解説したように、ロシアとの真の友好関係はありえない。ロシアは完全に追従する国としか友好を築かないからだ。そして友好のふりをするが、必要になればそれを平気で裏切る。ロシアの「約束を破るために約束をする」という外交の原則を忘れてはいけない。ロシアにとっては約束、そして友好のふりとは、相手国を騙して油断させる道具にすぎない。したがって、ロシアとの友好は意味がない。しかも、その何の意味もない、すぐ裏切られる友好のために安倍政権が払おうとしている対価が、あまりにも大きすぎるのだ。上手な例えはないが、一軒家を買えるお金で一軒家の写真を買うようなものである。

■「実績」「レガシー」そのものが目的となる

では、なぜ安倍総理はこのような日本の国益を損なう外交を展開しているのであろうか。

筆者の考えでは、その理由は四つある。

一つ目は、安倍氏自身が持っているプーチン幻想である。多くの日本人と同様に、安倍総

日露首脳会談（2019年1月モスクワ、写真提供：SPUTNIK／時事通信フォト）

理自身もプーチンやロシアは中韓ほど反日ではないので、話し合うことができ、そして中国を抑止することにも役に立つ、と思っている可能性が高い。

二つ目は、安倍総理の自信過剰である。安倍総理は自分にかなり自信があるので、多くの人ができなかったことが自分にはできる、という意識が強いのであろう。だから安倍総理は、他の人はプーチンとやり合えないが、自分ならできると思っているのだ。

三つ目は、安倍総理の周りにいる日本の親露派の影響である。某元首相や某地域政党代表を始めとする親露利権屋は、総理大臣に対露接近を強く勧めている。彼らは日本がロシアと関わりが深くなることによって、自分が金儲けできると思っている（あるいはロシアに思わされている）ので、総理にロシアと接近することがいかによいことか、と説得していることが想像できる。そして真に残念なことに、安倍総理は彼らの話を真に受け、勧められたとおりにしている。

四つ目は、安倍総理の実績欲しさである。総理は非常に「実績を残す」ことにこだわっている。「何々ができた」「何々が完成した」「誰も解決できなかった問題を解決した」という風に、歴史に名を残したいのだ。つまり「レガシー作り」に躍起になっている。

もちろん、どの指導者にも「偉業を成して歴史に名を残したい」という欲望があるであろう。しかし残念ながら、安倍総理の場合はレガシー欲しさの度が過ぎて、本末転倒な行動が起きる。つまり、総理は「日本の問題を解決して現状をよくしたい」というより「実績を作りたい」のほうが優先する。言い換えれば、「実績」「レガシー」そのものが目的となる。しかし、それは非常に良からぬ傾向である。なぜなら実体のある実績ではなく、「実績に見えるもの」「実績と思われるもの」を作ろうとするからである。つまり、総理は「実績のふり」をするだけで構わないわけである。むしろ実体のある実績を作れない分野において、実績のふりを作り上げるのが安倍総理のやり方である。

安倍総理が主張している「日露平和条約の締結」と「領土問題の解決」は、まさに実績のふりである。現状においては、どちらも「日本の一方的な譲歩」という形でしか成しえないことである。しかし上手な情報発信によって、日本の一方的な国益献上を「安倍外交の絶妙な勝利」と見せかけることができる。もちろん、日本人の全員がそれを信じるわけではない。しかし多数の日本人、特に安倍政権の支持層に対し、日本の敗北を「外交的な勝利」と思わせたら十分なのである。その場合、安倍総理は「誰もできなかったことをした」という「実績」を支持層に残すことになるのである。

■「領土返還」と「領土問題の解決」のすり替え

総理を始めとする日本の高官、そして日本のマスコミは本来、日本の目的であるはずの「領土返還」ではなく、「平和条約の締結」や「領土問題の解決」を日本の目的としている。それは、実体のある実績を「実績のふり」にすり替えるための印象操作である。今まで日本政府は、少なくとも南千島、つまり択捉《えとろふ》島・国後《くなしり》島・色丹《しこたん》島と歯舞《はぼまい》群島は日本の領土である、という立場を一貫して取ってきた。しかし、いつの間にか「領土返還」ではなく、「領土問題の解決」という言葉が日本の情報空間に飛び交うようになった。それは何を意味するのか。

「領土返還」という言葉には一つの意味しか含まれていない。しかし、「領土問題の解決」

という言葉には二つの意味が含まれている。「問題の解決」は「領土返還」という形でも「領土放棄」という形でも可能であり、どちらも「領土問題の解決」である。したがって、領土返還ではなく領土問題の解決を繰り返し述べる日本の政治家やジャーナリストの発言は、「領土放棄という選択を排除しない」ことを意味している。

このように概念をすり替えれば、安倍総理は「実績を残す」ことができる。つまり北方領土を取り返せないが、領土を放棄することによって「領土問題を解決した首相」という「実績」を作ることができる。そして支持層に対し、巧妙な情報発信で対露敗北を「安倍外交の勝利」と思わせることができる。

実際、総理はロシアが北方領土を返還しないことを分かっているので、「日本の面子が潰れない形で」北方領土の放棄を目指していることは明らかである。日本のメディアにおけるロシアに対する報道、もしくは日露関係に対する報道がそれを物語っている。たとえばロシアに関する報道では、以下の話題が頻繁に出ている。すなわち「ロシアの美人スポーツ選手」「プーチン大統領は柔道が好き」「プーチン大統領に秋田犬が贈られた」「日本にシベリア猫が贈られた」などである。つまり、全く政治や外交と関係がない。これはロシアが日本の領土を不法占領している事実から目を逸らすための戦略である、と言わざるをえない。先述のような報道だけを見れば、誰でもロシアによい印象を持ち、親近感が湧く。日本中にこのようなロシアに対して甘いイメージが広まれば、ロシアに対する大きな譲歩も受け入れられやすくなる。

また、安倍政権が展開している対露外交についてマスコミはほとんど批判せずに、政府の発表をそのまま報道するだけである。たとえば、日本の高官による「日露新時代」「(領土問題に関する)新しいアプローチ」「落ち着いた雰囲気での交渉」「両国に受け入れ可能な解決」などの表現を報道するだけで、反論は加えられない。しかし、このような表現は日本の一方的な譲歩を示す婉曲表現にすぎない。このような発表の下で、安倍政権は歴代政権の立場を崩して北方領土を放棄しようとしているが、日本のメディアもそれを容認しているのである。

■全島全域返還の前に平和条約を締結してはいけない

さて、安倍政権の対露外交は具体的にどこが間違っているのか。最も大きな間違いは、先述した「領土放棄の容認」である。安倍政権は明らかに「二島返還で平和条約」という解決を目指している。しかし平和条約を締結すれば、それは事実上、国後島と択捉島のロシア帰属を認めることになる。だから平和条約締結後、国後島と択捉島の返還を要求できなくなる。

要求したとしても、「平和条約の時点で領土問題は解決した」という反論がくる。だから、いわゆる「二島先行返還論」はありえないのだ。

ロシアからだけではなく、第三国から見ても、平和条約締結後の日本の領土返還要求は正当に映らない。だから絶対に、全島全域返還の前に平和条約を締結してはいけないのだ。それに対して、一部の人からの「北方領土は七十年以上、一島も返ってこなかった。二島だけでも、ゼロよりいいじゃないか」という反論が予測される。これに対する再反論および北方領土の現実的な解決策については、次節で述べることにする。

ちなみになぜ、筆者は「安倍政権が二島返還を容認している」と断言できるのか。それにはいくつかの理由がある。

一つ目は、先述したメディア戦略である。安倍総理は明らかにプーチンとの個人的な友情をアピールし、日本人にロシアやプーチンに対して好印象を持ってもらいたがっている。

二つ目は、日ソ共同宣言への言及である。日ソ共同宣言は当時、違法にソ連に抑留されていた日本人の帰還のためのやむをえない措置だったかもしれないが、日本人の帰還終了後にこれを即、破棄するべきであった。その内容は大きく日本の国益を損なっているからである。

そして三つ目は、安倍総理は自分の在任中に領土問題を解決し、平和条約を締結する、と言っている。しかし、安倍晋三総理大臣の在任中に北方領土全島を取り返すことは不可能である。だから「自分の在任中に解決する」と言っている時点で、安倍総理が「二島返還で平和条約」を容認しているのは明らかなのである。

■「在任中に解決」発言が日本の立場を不利にした

また「自分の在任中に解決する」という発言は、安倍政権の対露外交のもう一つの大きな欠陥である。自分の在任中に解決する、というのは、問題解決に期限を設けることを意味している。つまり、二〇二一年九月までに北方領土問題を解決しなければならないということだ。

それは交渉において、自分の立場を自ら不利にする行為である。総理の発言のため、日本側には期限が迫っているという焦りが生じる。しかし、ロシアには一切何の期限もなく、時間が無限にある。だからロシアは、日本側に期限が迫るときまで待てばいいだけである。他方、期限までに問題を解決しなければならない日本は、期限が近付いた頃に仕方なく譲歩せざるをえない。そして、ロシアは待つだけで自国に有利な結果での解決を獲得する。

以上のことから、安倍総理の発言は大きな誤りであり、現在の対露外交は日本の立場を不利にする行為であるので、即刻改めるべきである。領土問題を始めとする難しい外交的問題において、期限を設けてはいけない。必要なだけ時間をかけて、必要な場合は次の代に解決を先送りすることを覚悟するべきだ。解決を焦ることは、自分の手で自らの首を絞めることである。

■「妥協案から話を始める」交渉の誤り

もう一つの対露外交の大きな誤りとは、安倍政権は最初から「妥協案から話を始める」ということである。普通は交渉において何かを目指すとき、実際に目指していることより何倍も大きなことを要求し、交渉の中で少しずつ要求を減らし、徐々に本来目指していた所まで辿り着き、最終的に「妥協」という形で決着する。しかし、もし本来目指していたものより多くを手に入れることができれば、毅然として勝ち取るべきであろう。

この交渉の原則を日露領土問題に照らし合わせると、南樺太と千島全島の返還とシベリア抑留に対する賠償、日ソ中立条約を破ったこと、そして満洲国における日本人の虐殺に対する賠償の要求から話を始めなければならない。そして交渉において徐々に要求を減らし、千島列島の返還で落ち着かせるべきあろう。どんなに譲っても、北方四島の無条件での返還を最低限のレッドラインとして設定するべきである。

しかし、安倍政権は最初からレッドラインである北方四島から話を始めてしまい、そこからさらに条件を譲ろうとしている。そればかりか、最初から北方四島の無条件返還ですら譲歩する姿勢を示している。このような姿勢では国益を守れるはずがない。

■共同経済活動でむしろ北方領土返還が遠のく

次の間違いは、日露の共同経済活動である。共同経済活動によって安倍政権は日本人が北方領土へ自由に行き来ができ、日本企業が事業を興せるようにしたいのであろう。しかし、共同経済活動は北方領土の返還に全く役に立たないどころか、返還が遠のく可能性すらある政策だ。

仮に北方領土を日本人が自由に行き来し、ビジネスをできるようになっても、主権はロシアに残っている。それはロシア国内、たとえばモスクワ市で日本人がビジネスを興すことと同じである。たとえ日本人が住んでいても、行政、治安維持機関、法体系などはすべてロシアに帰属する。だから、領土返還とは何の関係もない。

むしろ日本人が北方領土でビジネスを興すことは、日本がロシアの主権を認めたことになる。なぜなら、ロシアの行政から居住権を得、ビジネスを行う許可を得る必要があるからだ。

さらに、日本人の経済活動によって、ロシア支配下にある北方領土の経済がよくなれば、ますます返還は遠のく。衰退している地域にすら固執するロシアが、経済が潤っている地域を手放すわけがない。

したがって日本の戦略は、ロシア支配下にある北方領土を潤すのではなく、むしろ疲弊させ、衰退させることであるべきだ。ロシア人が次第に北方領土から出て行き、住人が減ることは、少しだけではあるが返還を近付かせる。しかし反対に北方領土を潤すことは、確実に日本への返還を遠のかせるだけである。

最後に、「日露経済協力（ロシアの生活環境大国、産業・経済の革新のための協力プラン）」という名の愚策について触れたい。「経済協力」という名前ではあるが、それは「協力」ではない。協力というのは、お互いに何かを与え合うことを意味している。しかし、日露の場合は日本が一方的に与え、ロシアは一方的に受け取る側である。だから日露協力ではなく、日本によるロシアへの支援である。

■「日露経済協力」という名の対露貢ぎ

それでは、日本にとってロシアへの支援は意味があるのか。ロシアへの支援を支持している人は、以下のように主張している。「プーチンは日本の資金や技術を求めている。それに応えてロシアに恩を売ればいい」と。しかしすでに何度も解説したように、ロシアは日本からどれほど支援を受けても、代わりに日本が必要としていることは一切しない。中国の言うことを聞くのをやめない（したがって、ロシアが日本の脅威であるという状況も変わらない）し、北方領土も返還しない。対日宣伝工作もやめない。だから対露経済支援は、日本にとって何の意味もない「貢《みつ》ぎ」にしかならないのだ。

その一方で、対露支援の弊害は大きなものになる可能性が高い。まず、日本の金でロシアが北方領土の占領統治を強化する可能性がある。つまり前述の「共同経済活動」と同じ結果をもたらす可能性である。次の弊害は、ロシアの経済がよくなることである。もちろん、日本の支援だけでロシアの経済が大発展を遂げる可能性は低いが、多少は改善する可能性がある。そしてロシアの経済がよくなる分だけ、北方領土の返還は遠のく。ロシアは元気なときには強く出て、苦しくなるときやっと譲歩する可能性が出てくる。だから日本の金でロシアを元気にさせ、北方領土返還を遠のかせるほど本末転倒なことはない。この理由一つだけでも、「日露経済協力」という名の対露貢ぎを絶対にやめるべきである。

対露支援の弊害はそれだけではない。すでに解説したように、ロシアは中国と親密な同盟関係にあり、中国勢力圏の一部である。だからロシアに対する経済支援は、中国勢力圏に対する支援となる。つまりロシアを強くする行為であると同時に、中国勢力圏全体を強くするということである。さらに今、中国はロシアを支援しているが、もし中国の対露支援金の一部を日本が負担すれば、その分だけ中国に余裕が出てくる。ロシアに対する経済支援は間接的に中国に対する経済支援（負担軽減）であることを忘れてはいけない。当然、逆にロシアを追い詰める政策を取れば、中国の負担を重くすることができる。

このように、安倍政権の対露外交はどの面を見ても、根本的に間違っている。安倍総理はロシアを金で釣ろうとしているが、ロシアは金だけ持って帰り、代わりに何もしない。ロシアが日本に対してすることはせいぜい、記者会見において「日露関係は友好だ」と発言することだけである。プーチンとしては、その気になれば日本人に笑顔をサービスしてあげることも可能である。鉄面皮のプーチンが笑顔を見せただけで喜ぶ日本人はかなりいる。日本政府はプーチンの笑顔を引き出すことはできるかもしれないが、責任ある指導者が考えるべきことは、外国の首脳を笑顔にして自国民をほんのつかの間、喜ばせることではなく、長期的に見て国益を得るために国家戦略を立て、実行することである。しかし残念ながら、安倍政権からは長期的なビジョンを望むことができない。

もしかしたら、プーチンは「二島返還」には応じるかもしれない。しかし、それに対して安倍政権は高すぎる対価を払うことになる。二島返還の代わりに、ロシアは平和条約と大規模な経済支援を求めるであろう。この釣り合わない対価を払うことによって、日本は大きな被害を蒙《こうむ》る。なので、このような売国的な取引を絶対にしてはいけない。国益を損なうような安倍政権の行動に対して、国民は反対の意を表明しなければならないのだ。

そこで「ロシアに返す気がないなら、日本は北方領土を諦めるのか」という質問が予測されるが、そうではない。次の節では、現実的かつ確実な、北方領土を取り返す方法を提案しよう。

第六節　北方領土を取り返すにはどうすればいいのか

■「返ってくる」ではなく「取り返す」「返還させる」

本節において、日本がロシアから北方領土を取り返す方法を提案したい。が、その前に、領土についての筆者の基本的な考え方を記述の前提として述べることにする。筆者は基本的に、自国が正当に持っている領土を放棄して外国に譲ってはいけないと考える。なぜなら、国土と国民は国家の基本的な要素であり、それを軽々しく扱うのは、国家の存亡を危うくすることだからである。

たしかに、領土を放棄せざるをえない場合はある。たとえば戦争に敗れて、軍事力で圧倒的に強い敵を前に、国土が完全に破壊される前に領土の一部を割譲して和平する、という場合は仕方ない。しかし、このようなやむをえない場合以外は領土を放棄してはいけない。

自国の領土を大事にすることは、国家の安定的な発展のための、重要な要素である。これはあくまでも筆者の考えであり、本節で述べる筆者の意見に賛同せず、自国の領土を放棄することに抵抗のない方の理解を得ることは期待していない。

多くの人は北方領土問題について「北方領土は返ってくるのか、返ってこないのか」という風に議論している。だが、それは根本的に間違った思考である。「返ってくるのか、返ってこないのか」と考える時点で「返ってこない」のだ。なぜなら、この思考は北方領土返還の判断をロシアに委ねることになるからだ。正しくは「返ってくる」のではなく、「取り返す」「返還させる」だ。

ロシアが自分の意思で返すことを待てば、北方領土は永遠に返ってこない。日本が自分の力で領土を取り返し、もしくはロシアが領土を返還せざるをえない状況まで追い込まなければならない。自国の領土の返還を、ましてやそれを不法占領している国の政府に委ねることは間違っており、ロシアが返すわけがない。北方領土を取り返せるかどうかは、日本人の努力次第である。

■「早期解決」する理由はない

また、多くの日本人は「北方領土問題を早く解決しなければならない」と思っているのだが、それも大きな誤りである。日本のマスコミや政府関係者は北方領土問題の「早期解決」を煽り、多くの国民は残念ながらそれに流され、「早く解決しなければならない」と勘違いしている。

しかし、このような煽りは「北方領土の九割以上の放棄」を受け入れさせるための世論作りにすぎない。

実際は、日本には譲歩してまで北方領土問題解決を焦る理由は全くない。日露平和条約が結ばれていないことによって、日本に一切の不利益は生じない。また日露間における領土問題の存在は、日本に対して何の脅威にもならない（領土問題がなくても、ロシアは日本にとっての脅威であるから）。また、仮に今は「二島返還で平和条約」という形で領土問題を解決したとしても、日本には一切何の利益もない。しかし他方、北方領土を失ったという損害は途轍もないものになる。

ではなぜ、日本の情報空間では領土問題の「早期解決」がそこまで煽られているのか。前の節に言及した安倍晋三総理大臣の「実績作り」以外には、日本の指導層全体の怠慢も関係すると思われる。日本の高官は北方領土を取り返すための努力をしたくない。早くこの厄介な問題をなくしたい、と考えている。彼らは日本の国益を守り、日本の発展と繁栄のために努力することを非常に嫌がる。難しいことを考えず、楽をして汗を流さずに日々を過ごしたい。彼らにとっては、毅然とした態度で日本を守ることや、硬直した思考では解決できない問題、高い洞察力を必須とする難問に取り掛かることほどの苦痛はない。だから彼らは、自分達の気楽な毎日を「乱す」厄介な問題を、たとえ日本の国益を大きく損なってでも早くなくしたいのだ。彼らにとっての第一優先事項は自分の安楽な生活の日々であり、日本の国益や未来の発展は二の次である。

■島民を利用する人達

日本ではたまに、大幅に譲歩してでもロシアとの間で北方領土問題を早く解決すべき理由として、島民が利用される。ロシアへの譲歩の口実として島民を利用する人達は、このように主張している。「元島民が生きている間に領土問題を解決して、元島民が生まれ育った故郷に戻れるようにしなければならない」と。

筆者は、故郷を奪われた方々の悲劇を自分に都合よく利用している人間は卑劣だと思う。彼らは島民のことを思っているのではなく、自分の政策を押し通す口実として島民を利用しているだけである。なぜなら、先述したように「早期解決」とは、色丹島と歯舞群島を返還させる代わりに他の北方領土を実質的に放棄することを意味している。たしかに「早期解決」によって、色丹島出身の島民は故郷に戻れるかもしれない。しかし、国後島以北の千島列島の島民はどうなるのか。また、樺太庁住民はどうなるのか。これらの領土を放棄すれば、千島・樺太の住民だけではなく、その子孫まで永遠に先祖の故郷に住む機会を奪われる。だから島民について議論するのであれば、色丹島民だけではなく、千島全島や樺太庁の住民、つまり故郷を奪われたすべての島民について言及しなければならない。

ちなみに重要な点であるが、北方領土は島民だけの領土ではない。すべての日本人の領土である。たとえば、東京都港区は港区民だけの土地ではなく、すべての日本人の土地である。同様に、北方領土もすべての日本人の土地である。だからこそ自由に行き来をし、そこで住む権利がある。領土をロシアに譲ることによって、その権利までを侵してはならないのだ。

また、北方領土は現世代の日本人だけのものではない。今まで生きたすべての日本人、そしてこれから生まれるすべての日本人のための領土でもある。その領土を将来の世代の日本人のために残すことは、現世代の責務である。少なくとも、現世代の愚行によって将来の日本人から北方領土を取り返す機会を奪うことは絶対に阻止しなければならない。さらに、北方領土は他の日本領土と同じく、全日本人、全世代の日本人の領土であると同時に天皇陛下の土地でもある。つまり「皇土」である。聖なる皇土を一所懸命守ることは、臣下である日本人の第一の義務なのではないだろうか。少なくとも、軽々しく扱うべきものではない。日本を作り上げた先祖や、将来生まれる子孫を含めて「全日本人の土地」であると同時に天皇陛下の「聖なる皇土」である北方領土を、怠慢に陥った政治家や官僚、銭儲けに目が眩《くら》んだ親露利権屋、そして実体の実績を作れないが、形式だけの「実績作り」に躍起になっている時の総理大臣の世俗的な都合のために、放棄してよいはずがない。

■唯一の正しい解決は占領状態の終了

以上の理由から、安易に領土の放棄をしてはいけないと筆者は確信している。今度は、国際法という観点から北方領土問題を考えてみよう。なぜかほとんど言及されていないことだが、国際法上、日露間の領土問題は二つある。

まず、一つ目の領土問題はロシアによって不法占領されている北方四島（南千島）の問題である。これは「領土帰属」ではなく「不法占領」の問題である。つまり、北方四島は係争地（領有権が誰に帰属しているのか確定していない領土のこと）ではなく、疑いなく日本領土なのである。北方四島の唯一の問題とは、これらの領土をロシアが勝手に占領していることのみである。したがってこの問題の唯一の正しい解決は、ロシアによる占領状態の終了である。他の問題解決案（二島返還、面積二等分返還、三島返還など）は、日本による「領土放棄」に他ならない。

したがって、日本が自国の領土である北方四島（あるはその一部）をロシアに割譲するのはじつに奇異なことなのだ。それは、竹島（またはその一部）を韓国に割譲すること、あるいは尖閣（またはその一部）を中国に割譲することと同等である。

二つ目の領土問題とは、千島列島と南樺太の帰属問題である。国際法上、これらの領土は日露間の係争地である。ご存知のとおり、サンフランシスコ講和条約によれば、日本は南樺太と千島列島を放棄したが、その所属は明記されていない。現在、ロシアは南樺太と千島列島を勝手に実効支配しているが、その法的根拠はない。だから、かつて南樺太と千島列島を所有していた日本とそれを現在、実効支配しているロシアは国際法上、同等の権利を持つ。つまり、どの国にも帰属していないこの領土は日露の係争地ということである。

一つ目に述べた北方四島ではなく、この二つ目の領土問題こそが日露の「領土交渉」の対象でなければならない。千島列島と南樺太は係争地であるから、ある程度の「妥協」は可能である。たとえば面積二等分の分割、あるいは日本による経済支援の代わりにロシアがその領土を日本領と認めるなど、様々な妥協案が考えられる。

しかし日本政府はなぜか、この係争地に対して何の主張もせずに、まるでロシアの領有権を認めたかのような態度を取っている。権利を持っているのに、その権利を主張しない日本政府は弱腰と言わざるをえない。

■「樺太・千島交換条約」のおかしさ

このように、国際法上、北方四島（南千島）は問題外、北千島と南樺太に関しては、話し合って妥協する余地がある。しかし、これはあくまで法的な話である。歴史的な正義という観点から見れば話は違ってくる。それでは、今度は簡単に歴史を振り返って、歴史的にどちらの国が千島列島と樺太を領有する大義があるのか、考えてみよう。

日本人の集落は樺太において十七世紀から存在する。その頃、ロシアはまだシベリアの征服中であり、樺太どころか、現在でいう沿海州やハバロフスク州にすら進出していない。ロシア人が北樺太に旗を掲げて領有宣言したのは、一八五三年である。その時点ではすでに二百五十年間も樺太で暮らす日本人の集落があった。ロシア人が入り込むようになったのはその後である。しかし武力を背景に、ロシアは無理矢理、樺太は日露の「雑居地」である、と日本に認めさせた。

さらにその後の一八七五年に、ロシアは武力を背景に、日本に「樺太・千島交換条約」を押し付けた。名称は「交換条約」であるが、交換でも何でもない。交換とは、両側がそれぞれ持ったものをお互いに引き渡すことを意味している。しかし、千島も樺太も両方日本のものだったので、日本のものと日本のものを交換した結果、片方はロシアのものになる、という話はどう考えてもおかしい。だから一八七五年の条約は交換条約ではなく、ロシアが千島列島に対する領有の主張を諦める代わりに、日本がロシアに樺太を割譲することを定める条約である。

その三十年後、ロシア帝国の拡張主義の結果、勃発した日露戦争に勝利することによって、日本は一八七五年に脅しで割譲させられた樺太の南半分を取り返した。さらに時間が経ち、ロシア帝国はソ連に変わったが、その侵略主義や拡張主義は変わらなかった。一九三〇年代において日本はソ連による東アジア支配の最大の邪魔者であり、スターリンはどうしても大日本帝国を潰したかった。そのため、ソ連の謀略によって日中戦争と日米戦争が仕掛けられ、その結果スターリンの計画どおり日本は潰された。しかも終戦間際から終戦直後にかけて、日ソ中立条約は有効だったにもかかわらず、ソ連は日本に対して騙し討ちの侵略戦争を実行した。一九四五年八月九日から九月五日までの間に、ソ連は日本領土であった樺太庁と千島列島を占領し、独立国であった満洲国を破壊し、満洲において日本人二〇万人を虐殺し、合わせて六〇万人を抑留した。しかし戦後、一切の賠償はない。

このような歴史経緯から、日露の間でどちらが樺太と千島列島を領有する大義があるのか、一目瞭然である。この歴史的な正義に基づいて、日本は樺太と千島列島を領有する正当な権利がある。その権利を諦めることはこの上ない愚かな行為である、と筆者は確信している。

■領土問題に関する唯一の「現実路線」とは

以上のように、日本こそ千島と南樺太を領有する大義があるが、現実的にその領有は可能であろうか。たしかに、日本が有する正当な権利の主張を非現実的だと見なす人は多い。彼らによると、「ロシアは北方四島すら全部返すわけがない。ましてロシアが南樺太や千島列島の領土交渉に応じるなんて、夢のまた夢の話。だから現実的な二島返還または面積二等分返還で妥協すべきだ」と。このような考えが左翼陣営から聞こえるならまだ分かるが、多くの愛国者と言われる人達からもこの意見を聞くので、非常に残念なことである。

このような考えの前提にあるのは、領土返還の判断を侵略者であるロシアに委ねている、という姿勢である。しかし日本は毅然とした態度を取り、いかなる手段を利用しようとも、自国の領土を取り返さなければならない。これに対してまた「非現実的だ」という批判はあるが、実際はこれこそ領土問題に関する唯一の「現実路線」なのだ。筆者はとても穏やかな現実主義者である。過激な考え方を好まず、穏健な自由民主主義の考え方を持っている。基本的に難しいことを今すぐ無理にする必要はないと考えている。だからこそ、領土問題は「今すぐ」解決する必要はない、という立場に立っている。筆者は冷静な現実主義の観点から、千島・樺太の取り返しが可能だと確信している。

■国力を高めてスタンバイ状態に

さて、北方領土（千島、樺太を含む）を取り返すには具体的にどのようにすればいいのか。たしかにロシアは今、軍事大国であるのに対して、日本の軍事力はまだ弱い。だから現在、日本はロシアから領土を「取り返す」あるいは「返させる」術《すべ》がない。しかし国際関係において、とくに国同士の力関係は恒久的なものではなく、流動的なものであるということを忘れてはいけない。力関係は時間が経つとともに変わる。かつて強かった国も弱くなる。弱かった国も強くなる。潰された国も復活する。頑丈に見えた国も潰れる。歴史に何度も実証された事実なのに、多くの人は国際関係における力関係を恒久的なものとして捉えてしまう。このような捉え方が蔓延しているからこそ、多くの日本人は北方領土を永遠に取り返せないと思い込んでいるのだ。

しかし、実際はそんなことはない。現在の日露の力関係の変化は、完全に日本次第である。日本は地道に軍事力を増強し、数十年後に強国になる潜在能力を持っているはずだ。それに対して、ロシアは経済が脆弱《ぜいじゃく》であり、数十年後に今より弱い国になることはほぼ確実である。日本さえしっかりすれば、いずれ北方四島どころか、千島列島や南樺太を全部取り返す機会が訪れる。そのときに備えて、日本は今から領土を取り返すための準備を地道に行わなければならないのだ。

その準備は二種類ある。一つ目は、日本の国力全体を高める政策だ。具体的には防衛予算増加と再軍備、経済復活と活性化、技術的な発展、そして人口維持のための少子化対策である。二つ目は、北方領土返還に特化した準備だ。日本国民の間に北方領土返還の必要性を積極的に広めること、そして人材的・インフラ的な準備である。たとえば、千島と樺太を制圧するのに特化した軍事訓練、返還に向けて準備を行う人や返還後の北方領土を管理する人の人材育成、そしてインフラ的な準備としては、千島列島と樺太に隣接している北海道の地域に、返還と返還後の領土管理に必要な交通インフラや施設を建設することである。つまり、日本はいつでも北方領土を取り返しに行ける状況、いわばつねにスタンバイ状態でいる必要がある。そして、いざ取り返すチャンスが訪れたときに、瞬時に動き出す。チャンスは必ず訪れる。しかし、チャンスが訪れたあとで準備を始めたら、間に合わない可能性がある。チャンスは逃げるかもしれない。その場合はまた次のチャンスまで待つしかない。

ロシアの弱体化は時間の問題であるが、もしロシアが崩壊し、日本より先に中国が北方領土を制圧してしまえば、今度は北方領土が日中間の係争地になる。当然、ロシアより先に中国のほうが崩壊する可能性もある。しかし、どのような展開になろうとも、日本は北方領土を取り返す機会を逃さないために、今の内に準備をしなければならない。これは唯一の、現実的かつ確実な北方領土返還の方法である。

それに対して、「とりあえず二島返還で解決して、あとはロシアが弱体化したときに残りを取り返したらいいじゃないか」という意見もある。しかし、これこそ非現実的で、かなり危ういやり方である。なぜなら、もしも今、中途半端に妥協して、二島返還で国境を画定してしまえば、日本は将来、千島と南樺太を取り返す法的な根拠を永遠に失ってしまう。

言い換えると、今の状況で国境を画定しておいて、将来ロシアが弱くなったときに千島と南樺太を力で取り返そうとなれば、日本がロシア（あるいはロシアの代わりに現れる国家）へ侵略することになってしまう。これではロシアと同じく、自分が認めた国境線を自ら侵すという侵略者になってしまう。国際社会は、強制されずに自分の意思で認めた国境をあとになってから侵す国を厳しく非難し、制裁を加える。これは非常に危うく、好ましくない状況である。最悪の場合は、第三国の介入によって取り返しができなくなる。国際法を遵守することは日本の美徳であるので、法を軽視すべきではない。また、そもそも法を遵守する意識が高い日本人は、自ら認めた国境をあとになってから侵すようなことをしないだろう。だから仮にロシアが弱くなっても、国境が画定した場合は、それを力で変えることを実行しようとする日本人は少ない。したがって、このようなやり方は不可能である。しかし、南樺太や千島列島を「係争地」のままに残しておけば、いざ取り返しに行くときに法的には何の問題もない。

■千年後の日本人のために

最後に触れたい問題は「時間」である。先述した方法で北方領土を取り返すにはどれぐらいの時間がかかるのか。筆者にも具体的には分からない。予測するならば、数十年から五十年といったところであろう。あまり良くない展開だと、五十年以上かかるかもしれない。「そんなに長く待つより、今すぐ確実な二島返還で片付けたほうがいい」と思う人もかなりいるだろう。しかし、筆者はこの考え方をとうてい受け入れられない。どんなに時間がかかっても、すべてを取り返すべきである。

前節で述べたように、北方領土は現世代だけのものではない。自分だけの所有物ではない北方領土を、正しい方法で取り返すことができるのに、自らそれを放棄することは、先祖や将来の世代に対する無責任かつ裏切りの行為である。歴史は来年や十年後に終わるものではない。百年後も千年後も、この日本は存続するのだ。千年後の日本人もいれば、千年後の日本の国益がある。このスパンで北方領土問題を考えて頂きたい。千年後には、日本人からすれば「二十一世紀の前半に色丹と歯舞群島が返ってきた」のと、「二十一世紀の後半に千島列島と樺太を取り返した」のどちらがよいか。どちらが日本のためになっているのか。答えは一目瞭然であろう。現世代だけの都合で物事を考えるという歪んだ思考から脱却するべきである、と筆者は確信している。

それでは、北方領土を取り返すまでの間に日本はどのような対露外交を行えばいいのか。自力でロシアを追い込む力がない間は、今までどおりの対露外交でいいだろう。つまり、無意味な領土交渉を延々と続ければよい。結果が出るはずのない領土交渉をしながら、プーチンと適当に付き合い、失礼にならない程度でロシアと形式だけの交流を行えばよい。しかし、決してロシアに深入りせず、つねに距離を保たなければならない。そして、領土に関する日本の立場を崩さず、それを主張し続けなければならない。つまり「北方四島は日本の領土であり、南樺太と千島列島は係争地だ」という立場を全世界に向けてつねに発信することである。同時に、日本国内にいる親露派の影響力を削減し、日本国内におけるロシアの情報工作を防止しなければならない。

以上のように、北方領土（樺太・千島を含む）を取り返すことは十分可能であり、現実的である。その実現は日本人の努力次第であり、領土返還を外部要因に委ねてはいけない。重要なのは、現世代だけの立場に固執した常識ではなく、国家百年の計というスパンで物事を見ることである。そうすれば日本には明るい未来が開けるのである。

第七節　プーチン幻想を解く～まとめ

第一章、第二章で言及した日本におけるプーチン幻想について以下、あらためて反論をまとめたい。

一、「プーチンは親日である」

プーチンは全く親日ではない。プーチンはソ連時代の歴史認識を持っており、第二次世界大戦に勝ったソ連の認識において、日本は恒久的な敗戦国である。プーチン本人が言っているように、ソ連崩壊は彼らロシア人にとって最大の悲劇である。したがって、ソ連の復活は政治指導者としての最大目的の一つである。第二次世界大戦における勝利がプーチンにとって正当性の源である以上、彼はソ連に少しでも非があったことを認めることができない。したがって、ソ連が日本に対して犯したすべての蛮行はプーチンの認識では「正当」となる。そのため当然、北方領土を日本に返す気は全くない。プーチンは、北方領土を安倍首相の前にぶら下げて、日本から利益を引き出すことを企んでいる。日本を騙して金や技術を引き出すことを「親日」と呼ぶのは、よほどの「お花畑」思考と言わざるをえない。

二、「プーチンは反中である」

プーチンはロシアの歴史上、最も親中の指導者である。プーチン支配の十九年間で、ロシアの対中依存度は高まる一方だ。プーチンは自分の手でロシアを中国の勢力圏、つまり中華秩序の一員にしたといってよい。ロシア経済を中国に向かわせ、中国のロシア進出を容認したのもプーチンである。プーチンの政策の結果、膨大な数の中国人がロシアに移住し、中国企業はロシアの土地を大量に租借している。プーチンが完全に支配しているロシアのテレビでは中国がつねにべた褒めされ、親プーチンの言論人は中国の凄さと中露友好はいかに磐石かという点をつねに強調している。また、中国の頼み事にプーチンはつねに無条件に応じており、中露の親密な軍事同盟、経済同盟は実体としてすでに出来上がった事実である。プーチンの価値観は中国共産党の価値観と似ており、欧米の価値観とは決して相容れない。むしろアメリカへの憎しみが、中露を地政学的な同盟国にしている。アメリカと対立するうえで中国の支援は必要だから、プーチンは中国に対して頭が上がらない。

三、「プーチンは保守主義者である」

プーチンは自国民を大量に殺すことによって権力を握った。プーチンの都合によって一般人や反体制派の政治家やジャーナリストはいつでも殺される。プーチンはロシアにおいて独裁的な恐怖体制を築き上げ、テレビ・プロパガンダによってロシア人の脳をコントロールしている。また、プーチンは全く不要な戦争を四回も起こして自他の国民を何万人も殺し、対米、対西洋の憎しみを煽動している。このような振る舞いは、安定的な発展を理想とする保守主義とは何の関係もない。プーチンの内外政策は保守主義ではなく、共産圏独裁者の振る舞いそのものである。

四、「プーチンはナショナリストである」

プーチンにとって、ロシア民族の運命は二の次の問題である。自分の利益のために、プーチンはロシア人が何人死んでも構わない。プーチンにとって重要なのは自らの権力と自分および側近の利益であり、ロシア民族の繁栄ではない。実際にプーチンはロシアの主権を次第に中国に譲っており、中国によるロシア属国化を積極的に進めている。その理由は、中国のロシアに対する影響力が強くなればなるほど、プーチン体制の立場は磐石になるからだ。そしてロシアの中国化を積極的に進めているプーチンは中国にとって最も好都合なロシアの指導者である。こうしてプーチン体制と中国共産党は完全な互恵関係にある。その帰結として、ロシア民族とロシア国家の存亡が将来的に危うくなることはプーチンにとって大きな問題ではない。だからプーチンは決してナショナリストではない。

五、「プーチンは国際金融資本と戦っている勇者だ」

そもそも国際金融資本は一つのまとまった意思のある主体ではなく、多くの資本家の寄せ集めである。資本家にはそれぞれの利益があるので、すべての資本家に統一した意思はない。だから表現の時点でこの記述はおかしい。そのうえ、プーチンがオリガルヒを追放し、富をロシア国家に戻した、という話も嘘である。プーチンは自分に楯突いたオリガルヒのみを追放し、従ったオリガルヒは優遇した。むしろプーチン時代のオリガルヒはプーチン政権以前のオリガルヒより何十倍もの財産を持っており、プーチンが権力を取ってからのほうがオリガルヒによるロシアの富の独占ははるかに進んでいる。さらにプーチンの側近、つまり幼馴染や元部下は億万長者となっており、最も多くの財産を独占しているのはプーチン本人である。だから、「オリガルヒを追放した弱者の味方であるプーチン」というのはプーチンとそのファンが作った出鱈目にすぎない。

六、「本当にやむをえない場合しか暴力を使わないプーチン」

プーチンの出身組織であるＫＧＢにおいて、暴力を振るうことと、人を殺すことはやむをえない最後の手段ではなく、最初から使われる通常手段である。実際にプーチンが権力を取ってから、彼は平気で大量に人を殺している。強調するが、一人や二人ではない。暗殺命令では数十人、謀略では数百人、プーチンが起こした戦争では数万人が殺されている。それは決して「やむをえない」方法ではなく、最初から人を殺すつもりで実行した一連の犯罪である。彼にとっては権力の維持や利益追求のみが目的であり、それ以外は手段にすぎない。

以上から、日本でプーチンについて広まっている認識は「幻想」であるということをご理解いただけたかと思う。そして本章の最後に触れた北方領土問題に関して、「領土は返ってこない」と思い込むこともまた一種の幻想である。北方領土を取り返せないという考え方は、日本人の自虐的な意識に基づくものである。つまり、「日本はもう未来永劫、強い国になるはずがない。だから北方領土を取り返せる力を持つはずがない」。このように自分自身や自国を信じないという傾向を、筆者は非常に危険だと考えている。なぜなら「日本は復活するはずがない」と思い込んでしまったら、誰も復活するための努力をしなくなり、本当に復活は不可能になるからだ。だから日本を復活させるには、日本人がまず自分自身や自分の国を信じ、復活するための努力をしなければならない。日本人が日本を信じて努力すれば、すべての北方領土が返ってくるだけではなく、日本は世界のリーダーの一国になると筆者は確信している。

第三章 ウクライナの教訓
～平和ボケと友好国への盲信が悲劇を招く

第一節　ソ連末期のウクライナの状況

■平等で格差のない社会は到来しなかった

ソ連時代の後半は、全面的な停滞の時代であった。一九六一年十月に行われたソ連共産党第二二回大会において、ニキータ・フルシチョフ第一書記（事実上の最高指導者）は「現世代のソ連人は共産主義を経験する」と発表し、一九八〇年までにソ連には共産主義が到来する、と自信を持って主張した。

しかしフルシチョフが予測した時期が来ても、共産主義（つまり、すべての住民が豊かな暮らしをし、平等で格差のない社会。「市民に働いてもらうのはできる範囲で、市民に与えるのは必要なだけ」という原則に基づく社会）は到来しなかった。むしろ、状況は次第に悪くなっていったのである。

フルシチョフはある程度の自由を許していたが、一九六四年に最高権力を握ったレオニード・ブレジネフ第一書記は、一切の自由を認めない、独裁的な政治に戻した。独裁体制や計画経済は、権力の腐敗と経済の停滞を招いた。共産党の役員や国家公務員にも、企業経営者にも、労働者にも、工夫をし、努力をする意欲はなかった。ソ連の指導層は、表では「ソ連は急激な発展を遂げている」と発表しながら、日々衰退に向かっていく国家をどう再建するか、悩んでいた。

一九七〇年代に様々な経済改革や行政改革が行われたが、「独裁体制における計画経済」という枠から脱却する勇気も能力も、ソ連の指導者は持ち合わせていなかった。私有財産を認めない計画経済において、いかなる改革をしても、それは発展に繋がらない。「競争がない」という根本的な欠陥が是正されなかったので、ブレジネフ時代の改革はすべて失敗に終わった。ソ連共産党幹部も年々高齢化し、判断力は低下していた。共産党の要職者は権力を利用し、社会全体をよくすることではなく、親戚や身内を出世させることに力を入れていた。

一九七七年に施行されたソ連の新憲法も、共産党一党独裁体制を維持するだけで、社会に何の影響も及ぼさなかった。フルシチョフが共産主義の到来を予測した一九八〇年になったとき、国家は全面的な停滞期を迎え、ソ連指導層は共産主義の到来を二〇〇〇年まで「延期した」。

■ソ連の全面的な停滞

このような状態にあって、ソ連の国民も全体的な怠慢や脱力に陥った。大多数の人は夢や希望がなく、「なんとなく生きる」という状態であった。人民は、表ではソ連に忠誠心を見せ、共産主義の儀式に参加していた。しかし心の中では、衰退していく国家や激しい物資不足を目にした彼らは国家のプロパガンダや権力者の豪語を信じていなかった。国民の振る舞いの二重性は社会全体に蔓延していった。つまり、表向きでは皆がソ連や共産主義を讃え、マルクス・レーニン主義への忠誠心を表明していたが、裏ではそれらの思想を信じる人はほとんどおらず、身内同士では、ソ連の惨状が批判や冗談の題材となっていた。偽善や不誠実は、ほとんどの人の日常的な振る舞いとなった。

ここで言っておきたいが、ソ連の住民は、国家のプロパガンダに毒されなかったわけではない。ソ連の現状に対する不信と不満は多くの場合、決して民主主義価値や自由主義経済への理解に繋がらなかった。ソ連の住民はあくまで、自分らが置かれた状況に不満を持っていただけであり、この状況をどう改善すればいいのか、全くビジョンがなかったのだ。

このような状態はソ連の全住民に及んでいたので、ウクライナ人も例外ではなかった。ウクライナの独立や民主化を目指していた作家やジャーナリスト、弁護士などがいたが、彼らはごく少数派であった。大多数のウクライナ人は他のソ連の住民と同じく、なんの価値観も持っていなかった。それは後述するウクライナの平和ボケの原因となった。

繰り返すが、少数ではありながら、ウクライナ独立運動は水面下で存在していた。彼らは検閲に通せない書物を自分達で印刷し、関心のある人に配っていた。このような活動がソ連当局に判明したら当然、投獄は免れない。実際に多くのウクライナ独立運動家は、ソ連時代に長期投獄を経験している。しかし彼らの運動は長年、小規模で、ソ連の支配下にあるウクライナの社会にほとんど影響を及ぼさなかった。実質的な独立運動が可能になったのは、一九八〇年代末のことである。

ソ連の全面的な停滞を打破しようとしたのは、一九八五年三月に共産党の書記長となったミハイル・ゴルバチョフである。彼は同年四月に、ソ連の発展を「加速」させなければならないと発表し、科学技術の発展や産業の成長を呼びかけた。しかし彼は、従来の独裁体制や計画経済の余波が残る中、現状では停滞を打破できないことが次第に分かってきた。そこで一九八七年一月に、ソ連共産党中央委員会の会議において、経済の抜本的なペレストロイカ（直訳：再構築、意訳：構造改革）が必要だという決定を行なった。

ソ連の新しい目標は共産主義の到来ではなく、民主的社会主義国家の構築となった。自由化が進められる中で、グラスノスチ（情報公開、もしくは言論の自由）が発表され、検閲の緩和とタブーとされたテーマの解除がなされた。また、部分的な市場経済や資本主義型商売も導入された。さらに外交面においては「新しい思考」が発表され、強行的な外交から国際協調の外交への転換がなされ、西洋との接近が始まった。それが冷戦終結に繋がったことは周知のとおりである。

しかし先述した措置はもはや、長年の停滞の末に死に体となったソ連の経済を救うことができなかった。政治面においては、情報公開や社会的な自由化が民主的なプロセスを発動させたが、経済面においては完全に行き詰まった経済を、市場的な要素を導入するだけで復活させることはできなかった。ソ連経済は崩壊しており、それをゼロから構築しなければならなかった。民主化と同時に起きたこの経済危機によって、共産党政権に対する不満は限界まで達した。

なかでも大きな役割を果たしたのは、チェルノブイリ原発事故に対する共産党政権の対応である。政権は最後まで、事故の規模を住民から隠蔽しようとした。最も呆れる出来事が、一九八六年五月一日のメーデー・パレードであった。原発事故は四月二十六日であったが、その五日後、発電所から約九〇キロメートルしか離れていないキエフ市で、大規模なメーデー・パレードが行われた。事故の情報が公開されず、放射性物質が大量に大気に放出されている最中、住民をパレードに引き出したのだ。人命を危険に晒《さら》した政府に対して、のちに大きな批判がなされた。チェルノブイリ原発事故がソ連崩壊を加速させた、と言っても過言ではない。

自由化の流れを受け、ウクライナでそれまで水面下で活動していた独立を目指すインテリ達は表に出た。多くの政治犯も出所し、様々な団体が結成された。それらの団体は、かつては禁じられたウクライナの伝統文化や歴史の研究に励んでいた。そして一九八九年九月に、最初の全国規模の政治団体である「ウクライナ国民運動」が結成された。団体のコアとなったのは、長年投獄されていたウクライナの独立を目指すジャーナリストや作家である。また、かつては存在しなかった環境保護団体も出現した。さらに、若者・学生団体も結集した。それぞれの団体がウクライナの自治拡大と民主化を主張し、様々な運動を行なっていた。キエフでは、学生の座り込みデモが行われるようになった。

一九八九年十月に、独立系団体の要求によってウクライナ・ソビエト社会主義共和国の最高会議（議会）は「言語に関する法律」を議決した。この法律によってウクライナ語は法的に国語となり、ロシア語の代わりに国家機関で使われることが決定された。

その頃、ウクライナにおいて、三つの思想的な流れが存在した。

一つ目は、先述した「ウクライナ国民運動」を筆頭に、独立を目指していた団体。

二つ目は、ソ連の改革によって、自由や民主主義が保障された新しい連邦国家が誕生し、その一部としてウクライナを位置付ける流れ（ソ連共産党の中の民主派）。

三つ目は、従来のソ連の存続を狙う共産主義者。

三つの思想的立場をそれぞれ表明するものとして、一九九〇年には様々な政党が結成されるようになった。しかし、国家の中枢はまだソ連共産党が占めていた。一九九〇年三月に最高会議議員選挙が実施され、共産党は三三一議席、ウクライナ国民運動が中心となった「民主連動」が一一一議席を獲得した。ソ連ができて以来初めて反体制派が議席を持つことができた瞬間である。それまでの選挙は完全にインチキであり、共産党の承認を受けた候補しか出馬できなかった。従来と比べて民主的な選挙が可能となったのは、ゴルバチョフによる自由化のお陰である。かつての共産党一党独裁体制と比べると、最高会議議員選挙の結果は大きな進展であったが、それでも共産党政権は覆らなかった。共産党の中からも離脱者が大量に出たが、なお二三九議員の会派を持ち、最高会議の単独過半数を占めていた。しかし独立系勢力の後押しで、一九九〇年七月十六日に最高会議は主権宣言を決議した（詳細は次節）。

■ウクライナの「人間の鎖」

このような動きと同時に、ソ連では経済がさらに悪化していた。物資不足は一層深刻となり、食料や日用品が商店から消え、ソ連の経済や産業の崩壊は目に見えていた。その中で一九九〇年八月三日、最高会議はウクライナの「経済的自立に関する法律」を議決した。この法律は文字どおり、ウクライナの経済自立を定めていた。つまり、ウクライナの経済体制や経済政策、諸産業の経営、財政や金融政策などの決定権はソ連中央政府ではなく、ウクライナにある、ということになったのである。

加えて、先述したウクライナ国民運動（以下、国民運動）は様々な政治的なイベントを実施していた。たとえば国民運動の後押しで、一部の自治体の役所にはウクライナ・ソビエト社会主義共和国の旗の代わりにウクライナ国旗が掲げられた。ソ連がまだ存続している時点で、国旗の掲揚は大きな精神的な意味を持っていた。また、ウクライナの歴史記念日を祝うイベントが国民運動によって行われた。一九九〇年一月二十一日に、一九一九年の出来事（ウクライナ人民共和国と西ウクライナ人民共和国の国家統一）を記念するイベントとして、ウクライナのキエフから、リヴィヴ経由、イヴァノフランキーウシクまでを繋ぐ「人間の鎖」が行われた。ウクライナ数十万人がそれぞれの町で手を繋ぎ、約七〇〇キロメートルの「鎖」を作った。ウクライナは一つであり、すべての地域に住んでいるウクライナ人が同じ思いを共有することを意味していた。一九九〇年八月にも、ウクライナ・コサック（ウクライナの軍事共同体）創立五百年記念行事を実施した。

このようなイベント実施を通して、国民運動はウクライナ人の民族アイデンティティの向上と、「ウクライナはロシアとは別の歴史を持つ」という認識を示すことを目指していた。

このように、ソ連経済の停滞が原因でソ連の中央政府が行なった自由化と経済改革は、ウクライナ（そして、他のソ連形成共和国）の自立へ向けた動きを活性化した。国民運動は前述のように活発な活動をしていたが、長年のソ連のプロパガンダに毒されたウクライナ人の多くは、独立を求める意識が弱かった。さすがに従来の体制がいいと思う人は多くはなかったが、ウクライナ独立を切願する人もまたそれほど多くなかった。一九九〇年の時点で主流の考えだったのは、ソ連の改革によって自由民主主義体制と多党政治の下、ウクライナ国内の完全な自治権が保障された上での連邦存続であった。ちなみに、これはウクライナ国内の主流意見というだけではなく、西洋諸国の意見でもあった（詳細は後述）。

第二節　主権宣言に仕込まれた時限爆弾＝「非核三原則」

■ウクライナ主権宣言の意味

前節で述べたように、一九九〇年の中頃、ソビエト連邦はまだ存在していたが、その変化が時間の問題であることは明白だった。まだどういう形の変化になるのかは具体的に分からなかったが、共産党一党独裁国家としてのソ連の解体は、狂信的な共産主義者以外、誰の目にも明らかであった。ソ連の構成共和国としてのウクライナ・ソビエト社会主義共和国で、活発な独立運動が行われる最中であった。

同年三月に選ばれたウクライナ・ソビエト社会主義共和国の最高会議の議員達は、一九九〇年七月十六日に「ウクライナ主権宣言」を採択した。主権宣言そのものはウクライナの独立を意味するものではなかったが、独立を獲得する過程で重要な意味を持っていた。つまり、この主権宣言は「ウクライナは将来、独立するだろう」という前提で発表され、ウクライナ国民の「独立したい」という意思表示であった。その時点では、ウクライナは完全な独立国になるのか、あるいは新連邦のなかで広い自治権を有する連邦共和国になるのか、まだ不透明だったが、どのような流れになったとしても、主権宣言の条文では将来のウクライナがどのような国になるのか、方向性が明記されていた（実際に、翌年の八月二十四日にウクライナは独立した。詳細は第四節）。この宣言は事実上、国家の基本方針を発表する文章であったのだ。

ウクライナ主権宣言は、当時の時代の流れに当てはまっていた。その一カ月前、六月十二日にロシア・ソビエト連邦社会主義共和国の主権宣言がロシアで採択された。その意味合いはウクライナの主権宣言と多少、異なっていたが、ソ連を構成する諸共和国の自治拡大とソ連中央政府の権限縮小という流れの一部であったことは間違いない。また七月二十七日にはベラルーシ主権宣言、十月二十五日にはカザフスタン主権宣言が採択された。

■国家の基本方針だけを先行して明らかに

ウクライナ主権宣言は、ある種の妥協の結果である。ウクライナの独立派勢力はロシア方式の主権宣言ではなく、正式な独立宣言を求めていた。実際、その時点ではすでに、リトアニアは一九九〇年三月十一日、ラトビアは五月四日に独立宣言を行なっていた。ウクライナ国民運動を始めとする独立派勢力はリトアニア独立宣言を強く支持し、ウクライナで「リトアニア支援委員会」を結成した。同委員会はリトアニアの応援デモ行進を行い、リトアニアへの支援物資を調達していた。当然、独立派勢力は一九九〇年七月の時点ですでにリトアニア方式の独立宣言を求めていた。

しかし先述したように、自由化が進んだとは言え、最高会議の過半数を共産党が占めていた。そのためこの時点では、中央政府との対立を意味する独立宣言の採択は不可能であった。だから、とりあえず国家の基本方針だけを先行して明らかにする主権宣言の採択に、独立派と共産党側が合意した。独立派にとって、主権宣言は将来、独立するであろうウクライナの国家方針を先に明記するものであり、独立宣言の前段階であった。共産党にとっては、とりあえず独立派を落ち着かせることに成功したということであった。

共産党側が提案した主権宣言案に対して、独立派は多くの修正を加え、宣言内容は独立に非常に近いものとなった。主張宣言の条文の大部分は、独立国家としてあって当たり前のことを記すものだった。たとえば「ウクライナの領土内の最高権力はウクライナ国家に属する。外交関係においては、ウクライナは独立し、対等である」「ウクライナは独自の国籍制度（ソ連とは別という意味で）を持つ。すべての国民は、出身、財政状況、人種、民族、性別、教育、政治的姿勢、信仰、活動内容にかかわらず、法の前において平等である」「ウクライナは独自の銀行、金融、税、予算の諸制度を持つ予定である。必要があれば、独自通貨も導入する」

「ウクライナは独自の教育、科学技術、文化の政策を持つ」「ウクライナは他国と直接外交関係を持ち、条約を結び、大使館などを置くことができる」など、しごく当たり前のことを書いていていた。主権宣言の内容は当時においては妥当かつタイムリーなものであり、内容の大部分に筆者も賛同する。

■ウクライナ非核三原則の災い

しかし、この主権宣言の条文に、時限爆弾が潜んでいた。多くの凡庸《ぼんよう》かつ形式的な条文の中で、当時はさほど注目を浴びなかったが、のちに多くの災いや悲劇の元となった一文が入っていた。その条文は以下のとおり。

「ウクライナは恒久的に中立国であり、いかなる軍事同盟にも参加しない。なおウクライナは非核三原則：核兵器を受け入れない、作らない、手に入れないことを約束する」

世界中、非核三原則を発表した国はたった二カ国しかない。それは日本とウクライナである。この「非核三原則」の条文は、おそらく作成者達が日本に倣《なら》い、ウクライナ主権宣言に盛り込んだものであろう。じつはこの一文こそが、後世のウクライナに大きな災いをもたらす「時限爆弾」であったのだ。

たしかに日本は世界的に見ても優れた先進国であり、ウクライナのような発展途上国が学ぶべきことが多く存在することはいうまでもない。しかし、ウクライナ主権宣言の作成者達は最も学んではいけない、決して模倣すべきではない、現在の日本において最も悪い点を取り入れてしまった。今となっては、日本から学ぶべきであった多くの事象に気付かず、わざわざ最も悪いものを選んでしまったことを、皮肉を言いながら嘆くしかないのだが。

もし仮に、このような条文の下で戦争を戦い、敗北した国が独立回復を条件に「恒久的に中立国であり、いかなる軍事同盟にも参加しない。非核三原則を約束する」という条文を戦勝国に突きつけられ、仕方なく承認した、というのならまだ分かる。しかし、戦争もなく、共産党がどんなにあがいてもウクライナ独立は時間の問題だったはずの一九九〇年に、将来の国家基本方針となる文章にわざわざ自分の意思で自国の首を絞める酷い条文を入れる必要は全くなかった。

■意図的な謀略か、平和ボケか

それではなぜ、このきわめておかしい条文がウクライナ主権宣言の中に入れられたのであろうか。じつは、本当のところはいまだに分からない。主権宣言の条文は最高会議の議員達が作成した、ということになっているが、その中で誰がどの一文の作成者なのか、公開情報からは明確になっていない。また残念ながら筆者は年齢的な事情もあり、主権宣言の条文作成に関わった人とは直接、面識がない。だから非核三原則を誰が作成し、どちらの側（共産党か独立派）が条文に入れたのかは確認できない。

したがって、非核三原則がウクライナ主権宣言に盛り込まれた原因については予測するしかない。筆者には二つの仮説がある。

一つ目は、非核三原則は意図的な謀略であるというものだ。つまり、当時の共産党はすでにソ連の解体が免れないことを理解していた。だから、ウクライナの独立を阻止することができないのであれば、まだ共産党が権力を握っているうちに、将来独立するであろうウクライナを弱体化させるために先手を打つことにした。ウクライナが独立するのは仕方がないが、せめてウクライナを核兵器を持たない、軍事同盟に参加しないような弱い国にしておけば、ロシアの属国という立場に止《とど》めさせることができる。

二つ目は、非核三原則は平和ボケによるものだというものだ。当時、多くの議員はウクライナの社会・国民全体とともに、非常に強い平和ボケ状態に陥っていた。ソ連は長年、強い国家として振る舞い、愛国心や絶対的な忠誠心を求めていた。しかし、愛国や忠誠の対象はあくまでソ連であり、ウクライナではない。ソ連が崩れかけていた一九九〇年には、冷戦終結や国際協調の流れが主流だったので、ウクライナのなかでも多くの人が「中立主義」と「平和主義」という理想を抱くようになった。なぜなら、ソ連に対する絶対的な忠誠心を長年刷り込まれていたウクライナ人は、ソ連崩壊とともに「忠誠心の対象」が揺らいだとき、その対象が「ソ連」から「ウクライナ」へ移るのではなく、忠誠心そのものが消滅してしまったからだ。共産党議員も同じ平和ボケ状態に陥り、「新しい時代の流れ」として非核三原則を盛り込んだ、という仮説である。

これらはあくまでも仮説であり、前者について言えば、非核三原則が意図的に最初から盛り込まれたかどうかは分からない。ただし実際に、独立後のウクライナの歴史はすべてこの仮説どおりとなった。

後者について言えば、「非核三原則と軍事同盟不参加が主権宣言に導入された原因が平和ボケである」というのは筆者の仮説だが、当時のウクライナ社会が平和ボケに陥っていた、ということ自体は仮説ではなく、客観的な「事実」である。そして導入された原因はともかく、ウクライナ主権宣言の条文が公開されたとき、誰も疑問に思わず、内容に異議を唱えなかったことの理由は、間違いなく平和ボケであるといえる。

■条文どおり行われた国家政策

ちなみに、共産党が非核三原則に賛同したのは当然として、なぜ独立派までが賛同したのか。意外に思われるかもしれないが、じつは当時の独立派にも、平和ボケの傾向があった。その理由はおおよそ二つである。一つには、独立派の指導層の多くはジャーナリスト、弁護士、作家であった。つまり、職業の特徴からして、人権を守り、国家権力の横暴から市民を守るといった文脈で活動をしていた。また、実際にソ連という人権弾圧を行う独裁国家との戦いに生涯を懸ける彼らは、主に「人権」や「個人の自由」を言論の武器にしていた。独立派指導部の中で、歴史家や経済学者、つまり仕事柄、敵に対抗する強い国家の必要性を理解する人達は少なく、さらに警察官や軍人はいなかった。

独立派は文字どおり「独立」の獲得だけに必死になっており、独立後のウクライナの防衛や安全保障をどうするのかについては盲点であった。のちの歴史が示すように、ウクライナ独立後、独立派の中で防衛を考える人も出てきたが、少なくとも一九九〇年の時点では、そうした人間は皆無であった。

さらにソ連末期においては、ソ連離脱派は基本的に「中立主義」と「平和主義」の理想を掲げてきた事情がある。ソ連はつねに強い国家の振る舞いをし、強権的、軍国主義的な国家という印象が強かった。実際に、ソ連は一九五六年のハンガリー侵略、一九六八年のチェコスロバキア侵略、一九八九年のアフガニスタン侵略のように、全く大義のない一方的な侵略戦争を起こしていた。またアメリカとの軍拡競争において、世界一の核戦力を誇っていた。だから、ソ連からの離脱を目指している人達は必然的に真逆の思想として「平和主義」「人権主義」「中立主義」「非核主義」を理論武装として取り入れたのだ。西洋諸国はソ連の脅威に対して軍事を増強して対応できたが、ソ連国内にいるウクライナの独立派は、圧倒的なソ連の軍事力の前で無力であった。力で独裁国家と対立することは不可能だったので、人権や個人の自由を掲げる、という形で闘うしかなかったのだ。

ソ連崩壊後の現在、独立国のウクライナがロシアの脅威に晒されている状況とは当然、事情や常識が異なるが、一九九〇年の時点ではまずソ連からの独立が最優先課題であった。つまり当時の常識としては、好戦的な核大国であるソ連に対して、ウクライナが「核を持たない」「軍事同盟に参加しない」平和国家であるという主張を通してソ連に抵抗していた、という理屈が成り立つ。非核三原則を「ウクライナはソ連とは違う」というアピールとして受け止めることもできる。

また、ウクライナの政界において、一度決められた「決まりごと」を覆すのはなかなか難しい。実際に、多くの「決まりごと」の「破棄」を宣言すれば済むのに、決定事項を覆す勇気のある政治家がほとんどいない。多くの場合は「決められたことを覆せば、反発が起き、政界が混乱する」と考える悪しき常識がある。国家基本方針が定められた主権宣言の内容に反する政策を実行することは難しく、独立後は非核三原則を含めて、主権宣言の条文どおりの国家政策が実際に行われたのだ。

こうして、非核三原則を盛り込んだ作成者の意図は不明ながら、抵抗なく当時のウクライナの社会に受け入れられてしまった。共産党と独立派はそれぞれ違う経緯ではあるが、結果として両側とも平和ボケに陥ってしまった。非核三原則とそれに基づくウクライナの非核化が災いの元となることが判明するまで、この時点ではまだ二十年以上の年月があった。

第三節　アメリカはソ連の崩壊を望まなかった

■ゴルバチョフは何を目指していたのか

よく「アメリカがソ連を崩壊させた」と言われる。この表現は、基本的には間違っていない。だが、捉え方によっては誤った印象を与える可能性がある。もしこの表現を「アメリカの行動によってソ連の崩壊が発動された」と捉えるのであれば、一面的な受け止め方ではあるが（なぜなら、ソ連崩壊の原因はアメリカの行動だけではなく、共産主義体制本来の実現不可能性と、ソ連に支配された諸民族の独立という願望の要因もあったからだ）、間違った認識ではない。

しかしもし、「アメリカがソ連を崩壊させた」という表現を「アメリカがソ連を崩壊させる意図をもって崩壊させた」と捉えるなら、完全に誤った認識になる。アメリカの中では当然、本当にソ連崩壊を望んでいる人達もいたが、政権を担っていた主流派の政治家は、ソ連崩壊を望んでいなかったからである。

ゴルバチョフ書記長が推進していたペレストロイカとグラスノスチ、つまり、経済的・政治的・言論の自由化をアメリカの指導層は歓迎していた。とくに、ベルリンの壁の崩壊と東欧諸国（旧ソ連勢力圏）の解放およびソ連軍の撤退がなされた一九八九年には、アメリカはソ連に対して非常に友好的だった。ソ連のトップであるゴルバチョフ個人は、アメリカを始めとする西洋諸国において絶大な人気を誇り、一九九〇年にはノーベル平和賞まで受賞した。アメリカを筆頭に、西洋諸国はゴルバチョフがソ連国内で進めていた政策を全面的に支持していた。

だが、ここであらためて強調しなければならないのは「ゴルバチョフは何を目指していたのか」ということである。ゴルバチョフの目的とは、最初から最後まで「ソ連の存続」である。ソ連を存続させることはゴルバチョフの切願であり、彼はそのために政治生命を懸けて力を尽くした。たしかに、アフガニスタン侵攻の終結と東欧諸国の解放は西洋に対する大幅な妥協に見える。だが、じつはゴルバチョフはソ連が勢力圏の維持に固執しても維持し切れないし、無理をして東欧諸国を押さえつけようとすれば、ソ連本国が耐えられずに崩壊するかもしれないことを分かっていた。だから勢力圏を放棄し、すべての資源や力をソ連本国の存続に充てることにしたのだ。彼は計画経済や一党独裁体制はやがて行き詰まり、このまま行けば経済が破綻するということに気付いていたので、共産主義から社会民主主義へのシフトによって国家を建て直し、存続を図った。さらに、ゴルバチョフは限定的な軍縮を容認していたものの、決してソ連の武装解除や非核化を目指していたわけではない。彼の目的はあくまでも軍事大国としてのソ連の維持であり、新しい国づくりの布石として、ゴルバチョフはソ連でかつてなかった「大統領」というポストを作り、ソ連の初代（のちの歴史が示すように、末代でもあるが）大統領となった。

■ジョージ・H・W・ブッシュの「ソ連救出作戦」

そして、以上のような目的を持つゴルバチョフの政策を、アメリカを始めとする西洋諸国は全面的に支持し、彼の目的が達成されるように、できる限り協力した。イギリスのマーガレット・サッチャー首相も、ソ連崩壊などはあってはならないと考えていた。つまり、ゴルバチョフの目的と西洋諸国の指導者の目的は同じだった、ということである。たとえば次のエピソードは、アメリカの意図を如実に表している。

それは一九九一年八月のことであった。当時、すでにソ連の崩壊はかなり現実的になっていた。ゴルバチョフの改革は成功せず、経済危機は日々、勢いを増していた。一部のソ連の構成共和国はすでに独立宣言を行なっており、ソ連の存続が現実的に見えた一九九〇年とは雰囲気は全く違っていた。ウクライナや他の諸共和国においても独立派が勢いを増しており、各国の共産党の中でも、独立を視野に入れる派閥ができていた。

こうした状況の中で一九九一年七月三十日、アメリカのジョージ・H・W・ブッシュ大統領が、窮地に陥ったソ連の「救出作戦」とでもいうべきソ連訪問を実行した。首脳会談でゴルバチョフの改革をべた褒めし、彼の政策を全面的に支持する姿勢をあらためて表明した。公式なプログラムが終わったあと、ブッシュ夫妻とゴルバチョフ夫妻は、ゴルバチョフのモスクワ郊外の別荘に籠もり、長時間の話し合いをした。そのとき、ブッシュはソ連の崩壊はアメリカの国益に反している、と伝えており、ソ連に対する経済支援を約束した。そして、八月一日に予定していたウクライナ訪問の際、ソ連離脱派を牽制《けんせい》することも約束した。

ウクライナ訪問の際、ブッシュは独立派との面会を拒否し、共産党幹部とだけ面会した。ブッシュを乗せた車列がキエフを通るとき、独立派は抗議ポスターを掲げた。内容は「『ウクライナ・ソビエト社会主義共和国』への数十億(ドルの経済支援)は『ウクライナ』の奴隷化だ」「ミスター・ブッシュは共産主義者と協力しているが、国民運動を蔑《ないがし》ろにしている」というものだった。ブッシュはウクライナ最高会議堂で、議員を前に演説を行い、ゴルバチョフが推進するソビエトに代わる新たな連邦条約への支持を表明した。「希望のない鎖国化政策とは違って、この連邦条約によって、諸共和国は自治を拡大でき、自由意思によって政治的、社会的、文化的、経済的な交流が可能になる」。

またブッシュは、ゴルバチョフを褒めて「ゴルバチョフ対独立派」から政権を選択しなければならない状況を「誤った二分法」と名付け、他の選択肢もあるということを示唆した。さらに「正直に言えば、ゴルバチョフ大統領はありえないような成果を上げた。彼のグラスノスチ、ペレストロイカ、民主化という政策は、自由、民主主義、経済的自由を目的としている。（中略）私はこのようなことを皆さんに伝えるためにここに来た：我々はこの偉大な国（ソ連）における、民主主義と経済改革のための戦いを支持している。私は、我々のアプローチをモスクワで明確にした。我々は、中央でも、諸共和国でも自由、民主主義、経済的自由を目指す人達を支援する」とも発言している。そして、「我々は、中央の独裁主義の代わりにローカルな独裁体制を作るために独立を目指す勢力を支持しない。民族に対する憎悪に基づく自殺的なナショナリズムを推進する者を、我々は支援しない」とも述べた。

ブッシュの演説のメインメッセージは、「ウクライナはソ連から離脱せずに、ゴルバチョフの構想に参加しろ」ということであった。演説を聞いていた独立派議員は落胆した。最も頼りにしていたアメリカに裏切られた落胆の感覚は強かった。独立派の幹部は「ブッシュ大統領がゴルバチョフに催眠術をかけられた」と批判した。この演説は、ウクライナや他の諸共和国の独立派勢力に批判された。アメリカ国内でも、保守系メディアや保守強硬派の政治家から最悪の演説と酷評された。しかし、主流派はブッシュと同じ考えであった。なお、この演説の文面を作成したのは当時、国務省の東欧・ソ連局長で、のちにジョージ・W・ブッシュ大統領時代の国務長官を務めたコンドリーザ・ライスである。

■旧ソ連圏内で話をまとめたロシアと話し合う

それでは、もしソ連崩壊がアメリカの目的ではなかったのであれば、何が目的だったのであろうか。また、なぜアメリカはここまでソ連崩壊を嫌がっていたのか。まずはアメリカの目的を明確にしよう。冷戦時代に、ソ連はアメリカにとって脅威だったので、ソ連が脅威でなくなることが目的であった。次に、共産圏の解体、つまりドイツの統一、東欧諸国（ワルシャワ条約加盟国）の解放、そしてバルト三国（リトアニア、ラトビア、エストニア）の独立である。最後に、ソ連を懐柔し、アメリカの言うことを聞くような親米国家にすることである。

この最後の目的があったため、アメリカはソ連崩壊を必死に阻止しようとした。アメリカに匹敵する軍事力をソ連が持つことをアメリカは嫌がっていたが、ある程度の軍縮をさせるだけで、完全なソ連の弱体化は望まなかった。アメリカはソ連を弱体化させるより、ある程度の力を持たせて利用することを狙っていた。このような、アメリカの言うことを聞く親米国家・ソ連はアメリカの理想であった。アメリカ国内においてはソ連の壊滅を目指す保守派もいたが、主流派の意見はソ連の懐柔であった。

次に、アメリカがソ連崩壊を嫌がっていた理由を解説しよう。一つ目は、ソ連の崩壊によって新たな紛争や流血が始まることを恐れていたからだ。当時の世界では、ただでさえ多くの複雑な民族問題や紛争地域が存在しており、アメリカはその解決策に悩まされていた。もしソ連の崩壊によって各地で新たな民族問題やいくつかの紛争地域が現れたら、アメリカにとって解決しづらい、厄介な問題が増えるだけだと考えていた。だから新たな問題が出てくるより、ソ連を存続させたほうがいいと思ったのだ。

二つ目は、一二カ国を相手にするより、一国を相手にしたほうがはるかに外交を行いやすいという単純な考え方からである。一国であれば、統一した意思や思惑を持っているので、いかなる問題に関しても話し合いの結果、決着をつけることができる。しかし一二カ国であれば、それぞれ別の意思や思惑があり、一二回も話し合いをしなければならない。さらに、各国の思惑はお互いに相容れず、矛盾している場合もあるので、調整が非常に厄介なものになる。だから、ソ連の諸共和国の利害調整をモスクワに任せ、統一された国家意思を相手にするほうがアメリカにとっては望ましかった。

さらに、明確なビジョンのあるゴルバチョフとは違って、もし諸共和国が独立すれば、それぞれの指導者がどのようなことをやり出すか分からない。目の前にいるゴルバチョフは話が通じるが、新たに出てくる一二人もの指導者とは話ができるかどうかも分からない。彼らが全員、親米思想や自由民主主義を導入する保証はない。むしろ新たな反米独裁政権が諸共和国の一部に出てくるのではないか、という恐れもあった。だから、親米路線が確定している（ように見える）ゴルバチョフの「新型」ソ連のほうが、アメリカにとっては安心であった。このような理由で、アメリカはソ連崩壊を嫌がっていたのである。

余談だが、アメリカが考えていた新ソ連の構成はなぜ一二カ国だったのか、説明しよう。ご存知のとおり、ソ連構成共和国は一五カ国であった。しかし、アメリカは新ソ連が一二カ国から構成されることを望んでいた。なぜなら、一五カ国のうちバルト三国の独立は最初から容認していたからだ。これには多少の事情がある。

じつはソ連ができた一九二二年末の時点では、バルト三国はソ連に入っていなかった。ソ連は一九四〇年にバルト三国を武力で制圧し、併合した。その時点でアメリカはソ連による併合を認めなかったので、一九四〇年から一九九一年までの間ずっと、バルト三国をソ連に占領された独立国家として認識していた。しかし、他の構成共和国についてはソ連領と認めていた。だから一九九一年の時点では、アメリカはバルト三国の独立を、ソ連崩壊の結果としてではなく、東欧諸国の解放として認識していたのだ。感覚のレベルにおいても、アメリカはバルト三国を他の構成共和国とは異なる、ロシアとは別の国と考えていた。したがって、その独立はアメリカからすれば当然の流れであった。

しかし、ウクライナについてはアメリカにそのような認識はなかった。ウクライナ人である筆者からすれば、アメリカはバルト三国をロシアとは別の存在として認識しているのに、バルト三国を全部合わせても、その七倍以上の人口や面積を有するウクライナをロシアと別の存在として認識しない、というのはあまり愉快な気持ちになれない。だが、当時のアメリカの認識がこの程度だったことは事実である。

しかしのちの歴史が示すように、アメリカの期待に反して、ウクライナ最高会議堂におけるブッシュ演説から二十三日後の八月二十四日に、同じ最高会議堂でウクライナの独立が宣言された。そして、一九九一年末にソ連崩壊が正式に決定した。しかし、この現実があるのに、つまり諸共和国が独立したにもかかわらず、アメリカはかつて持っていた認識からなかなか脱却せずに、旧ソ連圏をロシアの勢力圏として扱い続けた。西洋による対露宥和政策を論じた節ですでに言及したように、ソ連崩壊後、アメリカはロシアばかりを優遇し、支援していた。ウクライナを含め、他の諸国にはなかなか目を向けず、それぞれの国が持つ問題や目指す方向性に理解を示さなかった。つまりソ連が崩壊しても、アメリカにとっては旧ソ連圏の管理をロシアに任せ、共和国間の調整をロシアの担当分野にしたほうが楽だった。

「旧ソ連圏内で話をまとめたロシアと話し合う」という姿勢は、後述するウクライナによる核兵器放棄の問題におけるアメリカの態度を見ても如実に表れる。具体的に言えば、旧ソ連圏において核兵器を持つことが許されたのはロシアだけであり、他の国は早期かつ完全な核兵器の放棄が迫られた。皮肉なことに、ロシアはもう少し段階的な放棄を容認しており、ウクライナが一刻も早く核兵器を放棄することにこだわっていたのは、ロシアよりアメリカのほうだった。アメリカが旧ソ連諸国の核兵器保有を恐れたのは、ロシアは「話の通じる」相手だったのに対し、ウクライナを始めとする他の旧ソ連諸国は「何を言い出すか分からない連中」だったからだ。

さらにソ連崩壊後、国際連合安全保障理事会において、ソ連が持つ拒否権のある常任理事国の席をロシアが受け継いだ。国連憲章では、常任理事国は「ソビエト社会主義共和国連邦」と書いてあるにもかかわらず、何の議論もなく、その席をロシアが受け継いだのである。とところが、これをアメリカは容認した。前代未聞の優遇措置である。法的には、国家の消滅とともに常任理事席も消滅するという解釈も可能なのに、その可能性を一切議論せずに、ロシアの「自動的な」常任理事国入りが容認されたのである。

■百年以上続くアメリカのロシア幻想

以上のように、アメリカはソ連の崩壊を嫌がり、それが現実になってもなお、ロシアの優遇をやめなかった。これらはあくまで歴史の事実にすぎないが、本節の最後に、アメリカの態度に対する筆者の意見を述べておきたい。それに賛同するかどうかは読者の皆様の自由である。

結論から言えば、一九八〇年代後半、一九九〇年代におけるアメリカの対ソ連、対露外交は完全に間違っている。先述したように、アメリカによるロシアの優遇措置は前代未聞の内容であった。しかし、この優遇策はアメリカの国益に繋がったのか。あるいは、旧ソ連地域の平和と安定に繋がったのか。じつはどちらにも繋がっていない。アメリカの国益も損なわれ、旧ソ連地域においては紛争や独裁政治が続いている。旧ソ連圏で起きたすべての戦争の原因（直接的、間接的を含めて）は、ロシアの帝国主義や拡張主義である。

じつは、アメリカも日本における「プーチン幻想」と似た「ロシア幻想」を持っている。アメリカにおける「ロシア幻想」はじつに十九世紀末から始まっており、現在でも健在である。つまり、アメリカのロシア幻想はすでに百年以上続いている。順番的に考えると日本の「プーチン幻想」よりはるかに前からあるので、この悪しき幻想はアメリカから日本に伝染したのかもしれない。

では、一九八〇年代後半、一九九〇年代のアメリカの対露外交は具体的にどのような点で間違っていたのか。一つは、前述したロシアへの度を越した優遇措置である。ロシア（ソ連時代、ロシア連邦時代共に）は反米イデオロギーを国家の基本思想にしている。ロシア人の潜在意識には、アメリカに対する憎しみや羨望が潜んでいる。ソ連時代には、ロシアはアメリカの支援によって近代化や産業化を実現した。にもかかわらずその後、強くなったソ連はアメリカを乗っ取ろうとし、アメリカにとって本格的な脅威となった。さらに時間が経ち、ソ連が冷戦に敗れ、崩壊したのちにアメリカによるロシア支援が再び始まった。その支援によってロシアは再び強くなり、反米外交を再開した。米露間にはこのような法則があるので、アメリカはロシアを支援すれば友好関係を築けるという「幻想」から脱却しなければならない。ロシアを優遇すればするほど、恩は仇《あだ》で返ってくるのだ。

もう一つのアメリカ外交の間違いとは、ウクライナやジョージアなど、親米傾向の強い国の軽視である。一九九〇年代のアメリカはロシアばかりを意識し、他の旧ソ連諸国をロシアの勢力圏として認識し、真面目に相手にしなかった。しかし、恩を仇で返すロシアとは違って、ウクライナは国際法を遵守し、誠実な外交を行なっている。だからウクライナにコミットすれば、間違いなく誠実な親米国家を作ることができる。実際にウクライナ独立派には親米傾向が強く、アメリカをロシアの拡張主義から世界を守る自由民主主義の「砦」として考えていた。ウクライナの独立後、愛国派となった独立派はアメリカに高い期待を抱いていた。新しい独立国家ウクライナはアメリカと親密な関係を築き、発展と繁栄の道を辿るに違いないと思っていた。

しかし、アメリカはウクライナをほったらかしにし、ロシアと親密な関係を築いた。その結果、ウクライナの愛国派は野党となり、国家の中枢を旧共産党出身者が占めるようになった。その結果、ウクライナは長年発展できず、停滞が続いた。

この状態に対し、「アメリカなどの外国を頼りにせずに、自力で発展を成すべきだ」という反論が予測される。それはそのとおりであり、ウクライナが苦い経験によって得た教訓でもある。しかし、アメリカの立場から考えれば、アメリカが行なっていたことは明らかにおかしい。親米であったウクライナとジョージアを放置し、反米で固まっているロシアを優遇、支援するとはどういうことなのか。もっとも視点を変えて考えると、たしかに歴史を振り返って「味方を潰し、敵を増長させる」のは二十世紀アメリカ外交の最大の特徴ではあるのだが。

第四節　ソ連崩壊とウクライナ独立の経緯

■有権者の七七%はソ連存続を支持

ベルリンの壁が崩壊して東欧諸国が解放され、ソ連軍が撤退した後も、ゴルバチョフはソ連を存続させることに必死であった。従来型ソ連の存続が不可能なことは明らかだったので、ゴルバチョフは完全な自治権や諸共和国の主権、自由民主主義や人権を保障するような「緩やかな連邦」を提案した。一九九一年三月十七日にソ連の存続を問う国民投票がソ連(一五共和国のうち、九共和国で実施)で行われ、八〇%の投票率で有権者の七七%はソ連存続を支持した。この結果は、ゴルバチョフを勇気付けた。彼らの目算では「ソビエト社会主義共和国連邦」の代わりとなる新連邦の設立準備を加速させる新連邦条約によって、国名が変更され

「主権国家連邦」となる予定であった。

一九九一年四月から八月にかけて、新連邦条約への準備が行われた。中央や諸共和国の政治家や法律家などがモスクワ郊外に集まり、条約の具体的な条文を巡る議論を行なっていた。その時点で新連邦に参加する予定だったのは九共和国である。バルト三国や、ジョージア（旧名：グルジア）、アルメニア、モルドバは新連邦への参加を拒否し、独立への準備を表明した。新条約において諸共和国の自治拡大は決定事項であったが、どれほどの権力が中央政府に残るのか、どの程度が諸共和国の政府に移譲されるのかは交渉の対象となった。

一九九一年春の時点で、新連邦条約の締結とソ連の代わりとなる「主権国家連邦」の成立はまだ可能であるように見えた。しかし、二つの出来事がこの流れを変えたのだ。

一つ目は、ロシア・ソビエト連邦社会主義共和国における動きである。

二つ目は、同年八月のクーデター未遂事件である。

まずは、ロシア・ソビエト連邦社会主義共和国における動きについて。これはかなり分かりにくい事情なので、多少背景を説明しなければならないように思われる。

さて、ご存知のとおり、ソ連は何の自由もない独裁国家であった。しかし、形式上はすべての自由が保障されていた。たとえば、スターリン時代にできたソ連憲法においては、表現の自由、信仰の自由、集会の自由が保障された。スターリン時代に集会の自由などと聞くと、笑いを禁じえないであろうが、形式上はそうであった。

またソ連の憲法上、すべての構成共和国がソビエト連邦から離脱する自由を持っていた。もちろん、実際にもしどこかの構成共和国のトップがソ連からの離脱を言い出せば、その人は逮捕されるか、殺されるかであったが、憲法上は離脱の自由は保障されていた。また、実際の権力はソビエト連邦共産党中央委員会政治局が有していたが、形式上は他の様々な権力機関があった。中央ではソビエト連邦最高会議、ソビエト連邦閣僚会議（内閣に当たる）、ソビエト連邦最高裁判所など、ソ連全体の国家機関があった。同じく構成諸共和国において、それぞれの最高会議、閣僚会議があった。一九八九年ぐらいまでは、中央の国家機関や各共和国の国家機関は中央委員会政治局の決定を実行するだけの組織にすぎなかったが、ゴルバチョフの民主化によって、実際の権力や決定権を持つようになった。

■ロシアに同時に二人の大統領が存在

また事実上、ソ連はロシアによって支配されたが、形式上はロシア・ソビエト連邦社会主義共和国が他の構成共和国と同等の権利を持っており、他より優位に立たなかった。したがって、ロシア・ソビエト連邦社会主義共和国は他の構成共和国と同様に、共和国の最高会議、閣僚会議などを持っていた。しかし長年、ソ連の首都であると同時に、ロシア・ソビエト連邦社会主義共和国の首都でもあったモスクワでは、同時にソ連の最高会議、閣僚会議とロシアの最高会議、閣僚会議が存在していた。そして、権限や役割が大きく重複するという理由で、ソ連中央の国家機関が主要なものと認識されており、ロシア共和国の国家機関は重要視されず、注目を浴びなかった。そして、民主化によって、それまでおまけのように認識されていたロシアの最高会議は実体のある権力を持つようになった。

一九九〇年五月二十九日に、ロシア・ソビエト連邦社会主義共和国の最高会議の議長となったのはボリス・エリツィンであった。エリツィンは長年、ソ連共産党の党職を勤めていたものの、ロシアをソ連とは別の存在として認識していた。ロシアは事実上の宗主国だったが、エリツィンはロシアは他の構成共和国と同じくソ連の一共和国であると主張し、ソ連の中でのロシアの「自治拡大」を図っていた。ロシアはウクライナやベラルーシよりいち早く、一九九〇年六月十二日、「ロシア・ソビエト連邦社会主義共和国の主権宣言」を表明した。一九九一年一月十二日にエリツィンはエストニアと国家間の条約を結び、両国はお互いを主権国家として認めた。ソ連はまだ存続しているのに、エリツィンは中央政府を通さない、共和国同士の直接の外交を始めていたのだ。

約一年間、ロシアにおいては事実上、二重権力が存在した。ソ連中央国家機関と、ロシア・ソビエト連邦社会主義共和国の国家機関である。エリツィンの後押しで、それまで存在しなかった、ロシア・ソビエト連邦社会主義共和国の大統領というポストが設立された。そしてエリツィンは一九九一年六月十二日に実施されたロシア・ソビエト連邦社会主義共和国の大統領選挙に無所属で出馬し、ソ連共産党所属の候補を破り、大統領に当選した。つまり、ロシアにおいて同時に二人の大統領が存在する状態となった。エリツィンは一九九一年の半ば頃、まだ新連邦条約の締結を支持していたが、次第に否定的になり、秋頃からソ連の解体とロシア連邦成立へ方針を転換した。

一九九〇~九一年のエリツィンの動きは、世界の歴史を見てもきわめて稀な事例である。つまり、複数の民族を支配する大帝国において、被支配者ではなく、宗主国が先に帝国からの離脱を図ったということだ。普通は、支配されている民族が異国による支配を嫌がり、独立運動を行う。しかし、被支配民族にまだ独立の意識が薄いのに、支配者が自ら被支配者から離脱を図る、ということはなかなか想像できないのではないだろうか。たとえば、英国においてスコットランドや北アイルランドの独立運動が起きていることは理解できるが、イングランドが英国から独立を図ることとは想像しにくいであろう。実際、エリツィンの活動はソ連崩壊の加速に決定的な役割を果たした。エリツィンは一九九一年の間に、ロシアにおいてソ連とは別の国家機関を設立した。宗主国であるロシアにおいて、権力が次第に全ソ連の国家機関からロシアの国家機関へ移動することによって、全ソ連の国家機関は実権を失い、国家運営に影響を及ぼさなくなったのだ。

ではなぜエリツィンは事実上、ソ連崩壊を加速させたのか。本人はすでに故人であるので、その意図を完全に明かすことはできず、思想的な理由でソ連崩壊に舵《かじ》を切ったかどうかも分からない。しかし、確実と思われる原因は権力闘争である。エリツィンは自分がソ連のトップ、指導者になりたいという願望を強く持っていた。しかし、ソ連全体の権力はゴルバチョフに握られており、その権力をゴルバチョフの手から奪い取ることは、構造上できなかった。しかし、ソ連全体ではなく、ロシア単独であれば、エリツィンはトップになることができる。だから自分がロシアの大統領になってから、その上にソ連全体の権力者が就くという状態を嫌がっていた。

そこで最高権力者になりたかったエリツィンは、手に入らないソ連の権力自体を消滅させることにした。したがって、ソ連全体の権力機構が消滅してから、自動的にロシアの最高権力者となったのだ。

エリツィンがたんに権力欲が強く、その邪魔になったソ連を消滅させただけなのか、それとも思想的な理由でソ連の存続を望まなかったのか、今となっては明確に分からない。しかし、エリツィンの活動がソ連崩壊の決定的な要素だったことは紛れもない事実である。

■国家非常事態委員会のクーデター失敗で実権は諸共和国に

次に、一九九一年八月のクーデター未遂事件について説明しよう。

クーデター未遂はソ連強硬派によって実行された。ゴルバチョフによる改革に反対し、従来型のソ連の維持を目指していた人達はソ連指導部にかなりいた。彼らはゴルバチョフによる民主化やソ連構成共和国の自治拡大はソ連の存在そのものを危うくする危険な傾向であると認識しており、新連邦条約をゴルバチョフが締結して「ソビエト連邦」に代わる「主権国家連邦」が成立することを阻止しようとした。

強硬派は、ゴルバチョフが休暇を取り、モスクワにいなかったタイミングでクーデターの実行を決めた。一九九一年八月にゴルバチョフはウクライナ南部のクリミア半島のリゾート地で過ごしていた。そして、クーデター支持派によって八月十八日から監禁に近い状態に置かれた。別荘から出ることができず、電話通信も遮断された。クーデター勢力は「国家非常事態委員会」の成立を宣言した。そのメンバーとなったのは、ソ連副大統領、国家保安委員会（KGB）長官、ソ連防衛大臣、ソ連内務大臣など、ソ連の要職を占めた人達であった。彼らは民主化と西洋との接近に反対し、従来型の権威主義政治と大国ソ連の思想を持っていた。彼らは、十九日の早朝から、ラジオやテレビを通して以下のようなことを宣言した。

・ゴルバチョフは健康上の理由で大統領の任務を果たせる状態ではないので、最高権力は副大統領に移動する。
・国家は現在、全面的な危機の状態に陥り、国民の安全が確保されていない。また、国家の統一、自由や独立も危うくなっている。
・国民投票において、ソ連国民はソ連存続を望んでいることが明らかになった。
したがって：
一、国家秩序を回復させるために六カ月間、ソ連に非常事態を発令する
二、ソ連全土において、ソ連憲法とソ連法律は上位にある
三、非常事態において、効果的な国家運営を行うために「国家非常事態委員会」を設立する

四、「国家非常事態委員会」の決定にはソ連全土において、すべての国民と国家公務員が全面的に従わなければならない

国家非常事態委員会のメンバーは自由化、民主化、そして構成共和国の自治拡大という流れを阻止しようとし、事実上、独裁体制の復活を図った。そして、ゴルバチョフがペレストロイカ政策を変えるつもりはないと分かったときに、彼を監禁し、委員会メンバーの要求を受け入れるまで彼を監禁するつもりであった。モスクワでは、夜間外出禁止令が発令され、軍とKGBの部隊はモスクワ市内に入った。不在であったエリツィンはこれを知って急いでモスクワ市内に戻り、国家非常事態委員会への抵抗を率いる。

エリツィンはロシア・ソビエト連邦社会主義共和国最高会議堂を拠点にし、国家非常事態委員会への抵抗を呼び掛けた。彼は委員会メンバーの行動を違法クーデターと名づけ、彼らの決定に従わないと表明した。モスクワで連日エリツィンを支持する大規模なデモが起きた。エリツィンは軍に対して、デモ参加者に暴力を使わないことを呼びかけた。その結果、軍の中では、どちらに正当性があるのか躊躇いが生じ、結局、軍はモスクワ市内に入ったものの、ほとんど行動を起こさなかった。また国家非常事態委員会のメンバーも、エリツィンが率い

る抵抗勢力にどう対応するべきか、ビジョンはなかった。軍の一部は抵抗勢力に寝返る。エリツィンはロシア・ソビエト連邦社会主義共和国の大統領として、ロシアにあるソ連の行政機関のすべてと軍をロシア大統領の管轄下に移動する大統領令を出した。次の行動について、明確なビジョンのなかった委員会のメンバーはもう一度ゴルバチョフを説得しようと、クリミア半島に向かった。同時に、エリツィンの代表者もクリミアに向かった。ゴルバチョフは委員会の代表者との面会を拒否し、エリツィンの代表者と一緒に、八月二十二日未明にモスクワに戻った。その日の内に、委員会の主要メンバーは逮捕された。クーデターは失敗に終わった。

国家非常事態委員会のクーデターが失敗したことによって、ソ連の国家機関が機能しなくなり、国家権力構造の崩壊が始まった。実権は諸共和国に移り、ソ連崩壊が加速化した。クーデター失敗を受け、八月二十四日にウクライナは独立を宣言した。それまで独立を嫌がっていた共産党員も、もはや流れは変えられないということを理解した。二十五日に、エリツィンはソ連共産党の財産はすべてロシア国家の財産になるという大統領令を出した。三十日、ウクライナ最高会議の議長がウクライナ共産党（ソ連共産党の一部）の活動禁止を発表した。九月五日、ソ連憲法の停止が決定された。九月六日に、ソ連はバルト三国の独立を承認した。

一九九一年秋の時点では、連邦という形でソ連を存続させることは時代の流れに合わなくなっていた。しかし、まだ「連合」という形で共和国同士の繋がりを保つことは模索されていた。だが、諸共和国の独立意識は強まる一方で、国家連合の実現ですら次第に難しくなっていった。十一月六日に、エリツィンはソ連共産党の活動禁止令を出した。十一月十四日には、諸共和国の指導者は国家連合という形で同盟を結ぶことに合意した。しかし、十二月一日にウクライナにおいて、独立宣言の可否を問う国民投票が実施された。八四%の投票率で、九〇%の投票者が独立宣言を承認し、ウクライナは正式に独立した。これは多くの人に、あらゆる形での同盟存続への止めを刺したと言われている。

同日、ウクライナの初代大統領選挙で最高会議の議長であったレオニード・クラフチュクが当選した。十二月八日に、ロシア、ウクライナとベラルーシの両指導者はベラルーシのベロヴェーシの森という場所にあった旧フルシチョフ別荘で会議を行なった。その結果として「主権国家連邦」の成立は不可能である、と発表され、ソ連の消滅と独立国家共同体（CIS）の設立を宣言した「独立国家共同体の設立に関する協定」（いわゆる「ベロヴェーシ合意」）が締結された。「独立国家共同体」は連邦や連合ではなく、あくまで複数の完全に独立している国が結ぶ国際条約にすぎない。ゴルバチョフはベロヴェーシ合意に反発したが、その時点で

「ソ連の大統領」という肩書きがあるものの、何の権力も持たなかった。十二月十日にはウクライナ最高会議とベラルーシ最高会議がベロヴェーシ合意を承認した。

最後のあがきとして、十二月十一日にソ連最高会議の違憲審査委員会がベロヴェーシ合意は無効であると発表したが、全体の流れには影響がなかった。十二月十二日にロシア・ソビエト連邦社会主義共和国の最高会議はベロヴェーシ合意を承認した。十二月十六日に、ロシア・ソビエト連邦社会主義共和国の最高会議は、ソ連最高会議のすべての財産（建造物を含めて）がロシア最高会議の財産となることを決議した。十二月二十一日に一一カ国（ジョージアを除いて）の指導者がカザフスタンの首都（当時）のアルマトイに集まり、ベロヴェーシ合意の有効を確認し、他の八カ国が独立国家共同体に加盟した。十二月二十五日にゴルバチョフはソ連大統領を辞任した。同日、ロシア・ソビエト連邦社会主義共和国はロシア連邦に国名を変更した。残ったソ連の行政機関は解体された。

■ロシアが平和的に領土を手放した例外中の例外

ソ連崩壊は歴史上、かなり珍しい出来事である。多民族を支配する大帝国が大きな戦争もなく解体されたという点や、ロシアが平和的に領土を手放したという点で稀有な事例である。

しかし、筆者が強調したいのは次のことである。それは一九八九～九三年の四年間はロシアの歴史において、例外中の例外の時期だったということだ。その期間に限ってはロシア人の多くは拡張主義ではなく、自由や民主主義の価値を重んじており、他民族にも独立する意思がありうる、ということを認めていた。この例外的な時期を理由に、ロシア幻想に陥ってはいけない。「まともなロシア」の時期はたしかにあったが、それはあの時期「だけ」である。

今のロシアには、一九八九～九三年のロシアの欠片《かけら》もない。この四年間以外のロシアは人権蹂躙《じゅうりん》や独裁主義、拡張主義を基本にする侵略国家である。四年間まともなロシアが存在したことには、前述のように様々な要因があった。もちろん筆者は未来永劫、ロシアにこのような要因が再び集まらず、二度とまともな国になるはずがない、とまでは断言できない。しかし、その可能性は非常に低いだろう。現在、一九八九～九三年の「まともなロシア」を理想とするロシアの民主派が国内でいかに嫌われているかは、ロシアの内政を論じた第一章第六節に述べたとおりである。まともなロシアの実現に少しでも近付けるには、やはり今の独裁主義ロシアを追い詰めるしかないのだ。

第五節　世界第三位の核戦力はいかにして放棄されたか

■ロシアとアメリカに次ぐ核戦力

第一章第四節で触れたように、ソ連崩壊の時点でウクライナはソ連から大きな核戦力を受け継いだ。日本の読者の方々は驚くかもしれないが、当時、ウクライナは世界第三位の核戦力を持っていた。つまり、ロシアとアメリカの次であり、中国、イギリス、フランスよりも大きい戦力であった。ウクライナは戦略核兵器（大陸間弾道ミサイルなど、戦術核兵器より射程距離が長く、一般的に破壊力も大きいもの）も戦術核兵器も持っていた。戦略核兵器はウクライナ軍の「第四三ロケット軍」に配備されていた。

また、戦術核兵器はロケット軍だけではなく、陸軍にも海軍にも配備されていた。一九九二年初めの時点でウクライナには最低二一八〇〇発〜最高四二〇〇〇発（数値は資料により異なる、以下同）の戦術核弾頭があった。海軍には核魚雷、核機雷、核砲弾が、陸軍には戦術核ミサイル、中距離ミサイルがあり、防空部隊も核ミサイルを持っていた。

戦略核兵器の規模も恐ろしいほど大きかった。ウクライナには一七六発の大陸間弾道ミサイルと一七六カ所のミサイルサイロがあった。そのうち、一三〇発が液体燃料の「SS－19」であり、その射程距離は一万キロメートル、核出力は〇・七五メガトンの核弾頭を六発搭載可能であった。そして、残る四六発が固体燃料の「SS－24」であり、射程距離は一万キロメートル、核出力は〇・四三メガトンで、核弾頭一〇発が搭載可能であった。ちなみに後者のSS－24はソ連時代のものではあるが、ウクライナ国内で開発され、製造されていた。戦略核弾頭は最低一五〇〇発～最高二一〇〇発もあった。

また、核兵器そのものではないが、核爆弾と核巡航ミサイルを搭載できる長距離戦略爆撃機は四二機もあった。そのうち、二三機のTu－95（最高時速九二〇キロメートル、空中給油なしの航続距離一万三〇〇〇キロメートル）と、当時最新で最強のTu－160（最高時速二二〇〇キロメートル、空中給油なしの航続距離一万二三〇〇キロメートル）が一九機もあった。Tu－160には、射程距離三〇〇〇キロメートルの巡航ミサイル一六発を搭載できた。この戦略爆撃機は敵の防空システムを通過し、敵陣の奥地にある目標物の破壊が可能であった。

ウクライナにあった核兵器に使われた核燃料をすべて計算すると、兵器級プルトニウムは六七～八五トン、高濃縮ウランは八〇～一〇二トンもあった。

■主権宣言に組み込まれた「非核三原則」と米露の圧力

それでは、以上のような「財産」はウクライナの所有物と言えるだろうか。たしかに、先述した戦力はソ連時代に製造されたものである。しかし、その開発や製造には多くのウクライナ人も関わっていた。だから「ウクライナとは関係ない」などとは言うことができない。法的にも、ソ連崩壊の時点で、ウクライナ国内にあった公的財産はすべてウクライナ国家が所有することになっていた。

さらに世界史の流れにおいても、植民地が独立するとき、旧宗主国がかつて支配していた国に残した公的財産は旧植民地の財産となり、それを旧宗主国に返す義務はないのが普通である。だから先述した核戦力はすべて紛れもなく、ウクライナが持っていた戦力であったと言える。

それでは、間違いなくウクライナの財産であった先述の核戦力は、金額に換算するといくらぐらいであったのか。核兵器の売買は世界中、厳しく禁止されているので当然、核兵器そのものの「市場価格」というものは存在しない。しかし、核弾頭に使われている濃縮ウランとプルトニウムは売買されており、市場価格が存在する。仮に独立した時点でウクライナが持っていた核弾頭の核燃料をすべて現金化したとすれば、どんなに少なく見積もっても四〇〇億ドル以上になる。二〇一九年現在の貨幣価値で言えば、約八〇〇億ドルである。ちなみに、一九九二年当時のウクライナの国家予算は九〇億ドルであった。もし核兵器を放棄し、その核燃料を原子力発電所に使用すれば、ウクライナ国内の発電所で稼動している一五基で約百年分の燃料となる。

強調したいのは、この金額は核燃料「だけ」の価格であり、核兵器に必要な部品、装備、インフラなどは含まれていない点である。それらの計算が成されないままますべてが処分されてしまったので、実際の価格は分からないが、これもまた莫大な金額だったことであろう。

この世界有数と言える恐るべき戦力（そして莫大な財産）は、独立したウクライナでいかに扱われていたのか。独立後、ウクライナの権力者は主権宣言に組み込まれた「非核三原則」のとおり、早期かつ完全な核兵器の放棄という方針を取った。また米露からウクライナに対し、核兵器を放棄するように非常に強い圧力がかかった。

実際の核兵器の放棄は、独立して間もない頃から始まった。まず、戦術核兵器が放棄された。ロシア軍となった旧ソ連軍は、ウクライナにあった戦術核兵器（核砲弾、核巡航ミサイル、核魚雷など）をロシアに輸送し始めた。戦術核兵器は通常兵器と似た形をしているので、比較的運びやすい。だからウクライナの行政機関の協力がなくても、列車や大型車両を使い、輸送することができた。

ソ連崩壊直後、ロシア軍の関係者はまだウクライナ国内を自由に動き回ることができた。そのため、彼らはウクライナ政府から許可を得ず（通知すらせずに）、ウクライナにあった戦術核兵器を勝手にロシアへ運んだ。

ウクライナの指導者が国内にあった戦術核兵器の規模（実際に二八〇〇〜四二〇〇発という恐ろしい規模であったが）を十分に把握しないまま、ウクライナの核兵器はすぐさまロシアへ移された。一九九二年のうちに戦術核兵器はほぼすべてロシアに輸送され、ウクライナから消えてなくなった。戦略核兵器の放棄はもう少し長い時間がかかった。戦略核兵器の運用は多くの特殊なインフラを要する。核弾頭とミサイルの分解と輸送と合わせてインフラの処分に時間がかかるし、ウクライナ行政の協力がなければ実行できないため、迅速な運搬ができなかった。

それでも早期の核放棄はウクライナの指導者の方針であり、戦略核兵器の放棄は一九九三年から始まっていた。一九九二年五月の時点で、すでにウクライナのクラフチュク大統領がアメリカ政府に対し、「ウクライナは戦略核兵器を含めて、国内にあるすべての核兵器の処分を実行することを約束する」という内容の手紙を送っていた。また一九九二年から一九九三年にかけて、ウクライナ政府は米露の代表団と、ウクライナの核兵器を具体的にいかなる方法で、いつ処分するのかを交渉していた。

そして最終的に一九九三年九月三日、ウクライナのクラフチュク大統領とロシアのエリツィン大統領が、ウクライナ南部のクリミア半島ヤルタ市郊外の町マッサンドラで調印したマッサンドラ合意によって、ウクライナにあるすべての大陸間弾道ミサイル、核弾頭、高濃縮ウラン、兵器級プルトニウムをロシアに移動することが決定された。

マッサンドラ合意によって、ウクライナの戦略核兵器の処分が実際に開始された。弾道ミサイルや核弾頭はロシアに移動されてインフラは解体され、ミサイルサイロの爆破が始まった。一九九四年十一月十六日に、ウクライナは核拡散防止条約に加盟した。加盟の際、ウクライナはソ連から受け継いだ核兵器の所有者であることが確認された。同時に、ウクライナは継承した核兵器の完全放棄を実行し、将来、非核国を目指すことを表明した。

さらに一九九四年十二月五日にはウクライナとアメリカ合衆国、イギリス、ロシアがブダペスト覚書を結んだ（詳細は次節）。一九九三～一九九六年に核兵器の処分作業（ロシアへの輸送、インフラ解体、爆破など）が続き、一九九六年二月に最後の核弾頭がロシアへ輸送された時点でウクライナは核保有国の地位を失い、正式に非核国となった。二〇〇一年中に、すべてのミサイルサイロは爆破された。ウクライナ核兵器の処分作業にかかった約一〇億ドルの費用は、アメリカが支払った。その費用とは別に、核兵器の放棄に対して、アメリカは約一〇億ドルの経済支援を行なった。

■共産党員の追放に失敗

以上が、ウクライナが核兵器を放棄した経緯の全体像である。読者の皆さんは「えっ、こんなにあっさり放棄したの!?」と驚かれるかもしれない。しかしまことに残念ながら、史実は先述したとおりである。それでは、なぜこれほどあっさり核兵器が放棄されたのか。その理由はおおよそ四つある。

1、ウクライナの指導者があまりにも無能すぎた
2、ウクライナの経済的困窮と国民の無関心
3、アメリカの極端な親露外交
4、ロシアの謀略活動と情報戦

最初に言っておくが、この順番は重要度ではなく、論理展開として分かりやすい順番を記したものである。現実に影響を及ぼした要素の重要度で並べると、3↓1↓4↓2の順となる。以下は解説である。

一つ目の理由は、ウクライナの指導者があまりにも無能すぎるということであった。当時、最高会議の勢力図はおよそ共産党が六割、反共愛国派（旧独立派）が三割、無所属が一割の割合であった。しかし大統領をはじめ、最高会議議長、首相や閣僚、官僚、保安局や防衛省の幹部はほとんど元共産党員であった。ソ連の支配圏に入っていた東欧諸国とは異なり、ウクライナの独立派勢力の支持は国民の間に限られていたので、独立した時点で元共産党員を国家の要職から追放することができなかった。前述したように、ウクライナの独立過程は東欧諸国の解放過程とは異なっていた。東欧諸国では非暴力的とはいえ、いちおう「革命」に近いことが起きた。指導層の交代もなされたが、ウクライナはソ連の法律体系に従って独立を果たした（最高会議における主権宣言→独立宣言→国民投票）。

ソ連崩壊が確実であると分かっていた共産党員達は、「これからウクライナは独立するだろう」と予測し、新国家の実権を握り続けられるように先手を打った。共産党員はウクライナ主権宣言の条文作成にも関わっており、条文の内容を採決し、翌年の独立宣言も採決した。つまり、共産党員達は時代の流れを阻止することができなかったが、その流れに便乗することには成功した。もともと独立を切願し、命を懸けて頑張っていた愛国独立派は、敵である共産党員達の追放に失敗したのだ。

国家の中枢を占めた元共産党員達の人間の質は低かった。ウクライナに対する愛国心の欠片もなく、ソ連共産党に対する忠誠心だけを刷り込まれた環境で生きていたので、ウクライナをよくしようなどという気持ちは全くなかった。元共産党員にとってのウクライナは、権力を貪り、私腹を肥やすための客体にすぎなかった。ただ弁舌はそれなりに上手だったので、ウクライナ国民を騙すことだけはある程度できた。また愛国心だけではなく、指導者に必要な能力も全くなかった。ソ連では、ウクライナは事実上「地方」の一つにすぎなかった。ソ連共産党のなかで有能な人はモスクワに集まり、モスクワに行かず「地方止まり」の人は、能力のない証拠であった。

さらに、諸共和国のトップに任せられた業務とは、モスクワにある共産党中央委員会の決定を実行することだけであり、「地方役人」には何の決定権もなかった。つまり上の指示を受けるだけで、自分で何かを決定することはなかった。自分で大きな決定をしたことも、決断に責任を持ったこともない人間が偶然、国のトップに立っても、いきなり決断力を身につけられるわけがない。地方役人が国家元首になっても、本質は地方役人のままである。

愛国心の欠片もない、無能で堕落した元共産党員達は核兵器という「厄介なもの」を一刻も早くなくし、楽に仕事がしたかった。だから彼らはウクライナ独立後、米露からの圧力などおり早期の核放棄を実行した。それに対して当時、野党であった愛国勢力は、核兵器の放棄に慎重であった。世界第三位の核戦力を安易に放棄してよいのか、というのが愛国勢力の共通認識であった。放棄に対する反対の声として「国家安全保障のために、核兵器が抑止力として必要だ」という主張がなされ、「放棄するにしても、それに代わる妥当な保障を獲得するまで交渉を続けるべきだ」と言う者もいた。じつに真っ当な主張であるが、国家のトップはこの声に一切耳を傾けなかった。

■「核兵器とは何か」を理解しなかったクラフチュク大統領

当時のウクライナの指導者の認識に関しては、以下の引用が如実に表しているといえる。初代大統領のクラフチュクは、核兵器の性急な放棄に対する反対意見について、次のように答えたのである。「あれ（核兵器）が爆発したら誰が責任を取るのか？」。つまり、彼は「核兵器とは何か」「どのような仕組みを持っているのか」を一切理解せず、核兵器を「得体の知れない危険な爆発物」としてしか認識しなかった。自分の無知無能を晒した発言である、というほかない。

ウクライナ初代大統領レオニード・クラフチュク
（写真提供：SPUTNIK／時事通信フォト）

また、放棄についてアメリカとの交渉に関わっていたウクライナの代表団の一人は、クラフチュクに「放棄に際して西洋やロシアに一〇〇億ドル程の賠償を求めるべきだ」と提案した（実際は、ウクライナから核弾頭と共に持っていかれたウランとプルトニウムだけでも四〇〇億ドル以上の金額であったのだが）。それに対し、クラフチュクは賠償額について「お前は馬鹿か⁉ 俺達の国家予算より大きいぞ！」と答えた。

つまりクラフチュクはこの金額にアメリカが応じるはずがないと思い込み、最初から主張することすら恐れていたのだ。無知無能に加えて、根性も全くない臆病者である。

この程度の認識しか持っていない男がウクライナの初代大統領だったのは、いかに恐ろしいことか。また、初代外務大臣の国際関係についての認識がいかに甘いかは、次の発言からも容易に推察できる。「ウクライナの安全保障を構成するものは、隣国との友好関係、アメリカ合衆国や西洋諸国との経済・科学技術分野の協力、外国からの投資や市場経済の確立、民主化と何よりも国内安定であるが、それらはウクライナが非核国家になった場合のみ可能となる」。

また、初代ウクライナ保安局長官は「一部の政治家から『核兵器は抑止力の保有と安全保障を確立するものであるため、ウクライナ・ロシア関係の安定性を保証する』という主張を聞くことがある。しかし、技術的な側面に詳しい人なら、このような主張が危険な幻想であると分かるだろう。この話は機密情報も含んでいるので、私は部分的にしか言及できない。つまり、核抑止力とはウクライナとロシアの緻密な連帯があって初めて成り立つものである」と述べた。すなわち、単独で核抑止力を保持できないウクライナが核を持つには、ロシアの「核の傘」に入るしかない、という誤った情報を国民に広めたのである。

このように、当時の指導者の無能ぶりは行動だけではなく、発言からも見て取れる。彼らにとってはウクライナの安全保障などどうでもよく、自分の安楽な日常だけが最優先事項であった。核兵器という日常を乱す「厄介な存在」を早くなくし、忘れることが目的であったので、米露の圧力を「よく言ってくれた」とばかりに喜んで受け入れた。

■ロシアのプロパガンダを信じてしまった

二つ目の理由は、国家の経済困窮と国民の無関心である。ウクライナの国家指導者の質が先述したとおりならば、安全保障政策だけではなく、経済政策もままならないと考えるのは当然だろう。

ソ連崩壊後、ウクライナは厳しい経済危機の状況に陥り、ハイパーインフレも起きた。このような状態では、国民のほとんどは生活に追われ、国家や安全保障について考える余裕はない。したがって指導者は国民から大きな反発もなく、核兵器の放棄を実行できた。

また、国民はそもそもウクライナがいかに恐ろしい兵器を持っているのかを知らなかった。「ウクライナ国内にソ連の核兵器がある」という認識しかなく、「ソ連のものだからロシアへ返して当然だ」と思っていた人も多かった。核の所有者がウクライナであること、それが国家発展の起爆剤になりうる大きな財産でもある、という認識はなかった。当然、核戦力の規模や内訳もほとんどの人は知らなかった。さらに、核は他国が恐れるほど強い兵器ではないとか、ウクライナ単独では扱えず、いつ爆発してもおかしくない危険物だと思っていた人も多い。マスコミにはこの「ウクライナにはどうせ扱えない危険物」という説が流布されたので、多くの人は放棄によって危険物は国内から消えた、と納得していた。つまり、ウクライナの国民から核放棄への反発がなかった原因は、経済危機と情報不足によるものである。

三つ目の理由は、第一章でも述べたアメリカによる極端な親露外交である。アメリカはソ連崩壊後、極めて親露的な外交を行なっていた。旧ソ連圏をロシアの勢力圏と認め、他の旧ソ連諸国を相手にせず、大規模な対露経済支援も行なっていた。同様に、ソ連の核戦力はロシアが受け継ぐべきものであり、ロシアのみが核保有国の地位を維持すべきだ、と考えていた。さらに本来、何の法的根拠もなかったにもかかわらず、国連安保理においてソ連の常任理事席をロシアに継がせた。

アメリカは、ロシア以外の旧ソ連諸国が主体性を持つことを嫌がっていた。まして核兵器を持つなど、もってのほかであった。そのため、アメリカはウクライナに非常に強い圧力をかけた。具体的には、核兵器を放棄しなければ経済制裁や国際社会からの追放、場合によっては軍事行動も辞さない、という明らかな脅迫であった。

最初、アメリカが「ウクライナの核兵器を処分すべき」と主張したのに対し、ロシアは処分ではなく、ロシアへ輸送する方法を提案した。しかしあとになってアメリカは、ウクライナの核兵器がロシアへ輸送されることも容認した。アメリカがロシアの国益追求の代弁者になってしまったことで、ウクライナには頼れる所がなくなり、世界第一位と第二位の軍事大国を同時に相手にしなければならなかった。

この状況に対し、ウクライナの愛国勢力の代表者は政府とは別の筋からアメリカを説得しようとした。ウクライナの核はアメリカへの脅威ではなく、アメリカの味方であり、東欧の安定に役に立つことを伝えようとした。しかし、アメリカは問答無用であった。アメリカにとってウクライナの核兵器はロシアの核と異なり、危険で厄介なものでしかなかった。

四つ目の理由は、ロシアの謀略活動と情報戦である。ロシアの情報戦は二面的であった。一つは、ウクライナ国内向けのプロパガンダである。ウクライナに対し、ロシアは以下のようなメッセージを流していた。「ウクライナにある核兵器はソ連の防衛システムの一部にすぎず、単独では何の意味もない」「核兵器を扱えるのはロシアの技術者だけであり、ウクライナには扱える人間がいない」「一刻も早く核弾頭をロシアへ移動しないと、放射性物質が漏れて危険になる」「弾道ミサイルはアメリカに向けてあるので、他の国に対しては何の抑止力も持たない」「核兵器はいつ爆発してもおかしくない危険物だ。ロシアへ移せればウクライナは安全になる」「核兵器の維持には莫大な資金が必要であり、そんなお金はウクライナにはない。仮に維持できたとしても、使用期間が限られているので、莫大な資金を使って維持しても結局、無駄になる」と。つまり、ウクライナ国内にたとえ核兵器があってもそれは使えない、と思わせようとしたのだ。

これら一連のメッセージを、ロシアは様々な媒体を利用して懸命にウクライナの国民と権力者の耳に入れていた。残念ながら、このプロパガンダを多くのウクライナ人が疑問を持たずに信じてしまった。

もう一つの情報戦は、アメリカを始めとする西洋諸国に向けたプロパガンダである。ロシアはウクライナについて以下のようなメッセージを流していた。「ウクライナは未発展、野蛮で危険な国だ。何をやりだすか分からない」「ウクライナは核を利用して他国を恐喝しようとしている」「ウクライナでは汚職が蔓延している。だから核兵器を金でテロリストに売るかもしれない」「核兵器を持ったウクライナは、刃物を持った狂人だ。早く放棄させなければならない」と。つまりロシアは「ウクライナは正気を失った国である」というイメージを西洋諸国に植え付けようとした。ロシアの情報戦略によって、ウクライナ国内外共に、世論は核兵器の放棄という方向へ向けられた。

■二〇〇一年まで核放棄を延ばせる可能性があった

それから二十五年以上経った今、多くのウクライナ人は性急な核兵器の放棄が大失敗だったことに気づいた。筆者も同様の認識を持っている。ウクライナ非核三原則を作成し、外圧のままに核兵器を放棄した指導者達はきわめて無能であり、のちの災いの責任者であると言える。

彼ら全員が本当に単純な無能で、平和主義の幻想によってこの愚作を取ったのか、あるいは結果を予測した上で、わざとウクライナ安全保障に時限爆弾を仕掛けた者がいたのか、答えはいまだに断定できない。だがいずれにしても、彼らの罪が重いことには疑いの余地がなかろう。どれほど国内外情勢が厳しかろうと、ウクライナの核兵器を守るために力を尽くすべきであったし、外交交渉においては、引き延ばし作戦を取るべきであった。

真正面から核兵器の放棄を拒否すれば当然、大国の反感を買い、経済制裁や孤立化を呼び起こした可能性が高い。だからこそウクライナは交渉において非核化の必要性を認めつつ、実際に時間を稼ぎ、交渉の長期化を図るべきであった。そして長年にわたる交渉の中で、ウクライナの核兵器をＮＡＴＯの核体制に組み込む方法を探るか、もしくは時間の経過と共にアメリカがウクライナの核問題に興味を失うのを待ち、いつか黙認するよう働きかけるべきであった。

ご存知のとおり、一九九〇年代、ウクライナの非核化が実行された時代のアメリカ大統領は、親露派のジョージ・H・W・ブッシュとビル・クリントンであった。もし、核兵器をめぐる交渉を息子のジョージ・W・ブッシュ大統領が政権を握るとき（二〇〇一年）まで引き延ばすことができれば、交渉は違う結果になる可能性があった、と筆者は考えている。なぜなら、息子のブッシュはロシア幻想を持っていたとはいえ、父のロシア幻想ほど酷くなかったからだ。

また、アメリカ全体のロシアに関する論調は二〇〇〇年代に入り、まだまだ親露的ではあったが、一九九〇年代の初めに見えた盲目的で無条件なロシア寄りではなくなっていた。たとえば核兵器を放棄する際、放棄はウクライナ人の手で行うという条件をつけて毎年、少しずつ処分するという方法もあった。「ウクライナは核兵器を放棄している」という姿勢を見せると同時に交渉を行えば、二〇〇一年まで核放棄を延ばせる可能性があったのではなかろうか。核兵器の大部分はいずれにしても処分しなければならなかったので、そのチャンスを「放棄のふり」に利用すればよかったと筆者は考えている。もし元の戦力の十分の一だけでも保有することができれば、ウクライナは核大国になれたはずである。

とはいえ、どんなに尽力しようとも、ウクライナがロシアを相手に核兵器を死守できたとは限らない。しかし、たとえ実現が困難であろうとも、無条件かつ性急な核兵器の放棄は大失敗であった。放棄自体はやむをえないことが明らかになったときでも、長年にわたり段階的な処分を行うべきであった。戦術・戦略合わせて四三〇〇発以上の核弾頭があったので、仮に一年に二〇〇発を処分したとしても、放棄が終わるまで二十年以上かかったのだ。さらに、核兵器を放棄する代わりに経済支援や安全保障を求めるべきであった。たとえば処分した核戦力に相当する金額の経済支援と、最新の通常兵器の提供を要求すべきであった。

先述したように、弾頭に入っていた核燃料だけでも四〇〇〇億ドル以上がウクライナの富になった可能性が存在した。同時に、ＮＡＴＯ（北大西洋条約機構）加盟というかたちか、ＮＡＴＯと異なるウクライナと英米の安全保障条約というかたちで集団安全保障体制に加盟することを、非核化の条件にすべきであった。もしこのような交渉を行い、要求の一部だけでも西洋側に認めさせることができれば、ウクライナは今ほど無防備な国ではなかっただろう。二〇一四年から現在まで続いているロシアとの戦争も回避することができたはずである。

以上のように、ウクライナによる性急な核兵器の放棄には様々な内外的要因があった。筆者が強調したいのは、多くの要因の根底に「ロシア幻想」があるということだ。当時のアメリカは重症とも言えるロシア幻想に陥っており、ロシアの国益を守る勢力の先頭に立ち、ウクライナに核兵器の放棄を迫った。また、当時のウクライナ人の多くはロシアを友好国と認識し、脅威を感じていなかった。したがってロシアを抑止しなければならないという発想も生まれず、周りの国は攻撃するはずがないので平和でいられる、という国家安全保障上の錯誤に陥ってしまったのである。

第六節　ブダペスト覚書：世紀の詐欺に引っかかったウクライナ

■実体のないものを安全保障の約束に見せかける

それでは、このように無条件で核兵器を放棄したウクライナは、代わりに何を得たのか。核兵器の放棄に関する交渉が行われた際、ウクライナの安全保障について放棄の代わりに何らかの形での保障が必要である、ということは交渉国すべてが認めていた。しかし実際の交渉においては、ロシアはもちろん、英米も不誠実であった。様々な形での保障が検討されたが、英米露はウクライナにいかにして効果的な保障を与えるのかを考えたのではない。彼らが考えたのは、いかにすれば、実体のないものを安全の保障にする約束に見せかけることができるのか、ということである。

つまり、ウクライナには「自国の安全が国際的に保障される」と思わせなければならないが、同時に、仮にウクライナの身に何かがあっても「安全を保障した国々」には何の責任も持つ義務がないような内容にしなければならない。なぜなら英米はウクライナの核兵器をなくすことには必死であったが、ウクライナの運命そのものにはほとんど興味がなかったからだ。本音では、ウクライナがどうなろうが、当時の英米の指導者にとってはどうでもよかったのだ。

言葉の上では「ウクライナに十分な保障を与える」という点が何度も交渉において強調されたが、この発言は形式的な外交上の儀礼にすぎなかった。核兵器を放棄させるだけで終わり、というのは諸外国から見れば印象が悪いし、当時の無能なウクライナの指導者ですら、何らかの保障を希望していた。したがってウクライナの安全を保障する国際合意が必要であり、なおかつ、それを何の義務も実体も伴わないものにしなければならなかった。本来かなり難しい課題だが、当時のウクライナの指導者や外交官があまりにも無能であったので、ウクライナは英米露の詐欺に引っかかってしまった。

この一見、安全を保障する合意に見えるが、実質は何も保障されない代物の名称は「ブダペスト覚書」（英語名はBudapest Memorandum）、正式名称は「核不拡散条約の加盟に際し、ウクライナの安全保障に関する覚書」である。一九九四年十二月五日にハンガリーの首都ブダペストで、アメリカのクリントン大統領、イギリスのメージャー首相、ロシアのエリツィン大統領、ウクライナのクチマ大統領によって署名されたものである。名称からして、ただの「覚書」（Memorandum）であり、最初から何の法的拘束力もないことが分かる。つまり、ブダペスト覚書の条項を破っても国際法違反にはならない。国際関係において、実際に法的拘束力のある国際条約ですら破られることが多々ある世界の中で、「条約」よりずっと弱い、最初から拘束力のない「覚書」など、守られるはずがない。

しかし、形式はもとより、その中身も明らかな「詐欺」そのものであった。以下、「ブダペスト覚書」の内容である。

「ウクライナ、ロシア連邦、グレートブリテン及び北アイルランド連合王国、アメリカ合衆国は、ウクライナが非核国として核不拡散条約に加盟することを歓迎し、決まった期限内に国内にあるすべての核兵器を処分するというウクライナの約束を考慮し、冷戦終結を含め、大幅な核戦力の軍縮を可能にした、全世界における安全保障状況の変化を強調し、以下のこ

とを確認する。
1、露英米は、ウクライナの独立、主権、現在の国境を尊重する義務を確認する。
2、露英米は、ウクライナの領土統一と独立に対し、武力威嚇及び行使を控える義務を確認する。また、自衛及び国連憲章に定まった場合以外に三カ国の兵器がウクライナに対して使用されることはない。
3、露英米はウクライナの主権内の権利を侵し、自国の利益に従わせることを目的とする経済圧力をかけることを控える義務を確認する。
4、露英米は、ウクライナが侵略被害者となった場合、もしくは侵略威嚇を受けた場合、国連安全保障理事会に対し、至急、ウクライナを支援する行動を起こすことを要求する義務を確認する。
5、露英米は、自国及び同盟国が攻撃を受けた場合を除き、核不拡散条約に加盟している非核国に対し、核兵器を使用しない義務を確認する。
6、ウクライナと露英米は、以上の義務遂行について、疑問が生じた場合は、話し合いを行う。

「この覚書は署名された瞬間から有効になる」

いかがであろうか。読者の皆さんは日本語訳が間違っているのではないか、と疑われるかもしれないが、翻訳は間違っていない。ブダペスト覚書によって露英米が約束したことはこの程度である。つまり、実際にウクライナを攻撃しないこと以外、露英米には何の守るべき義務もない。この程度の文書が、世界第三位の核戦力が放棄された「代償」である。「安すぎる」代償または「ただ同然」という言い方はあるが、実際は「同然」ですらなく、まさに「ただ」なのである。

当時の国際情勢においては、ウクライナが武力攻撃を受けるはずがないのは常識だったので、ウクライナの無能な権力者はこの「ただ」の代物を「安全を保障された文書」として受け入れた。覚書の詳細を知らないウクライナ国民の多くも、これでウクライナの安全が保障された、と思い込んでしまった。しかし、英米は仮に何かがあってもブダペスト覚書の文書からウクライナを守る義務が生じないように文面を作成していた。

■クリミア侵略を放置した英米は「約束を破っていない」

そして覚書の署名から約二十年経った二〇一四年、ロシアが現実にウクライナを侵略した。ロシア軍はウクライナ南部のクリミア半島と、東部のドネツィク州、ルハーンシク州の一部を占領し、現在でも戦闘が続いている状態である。ようやく多くのウクライナ人は、ブダペスト覚書は何の意味もない出鱈目な文書であることを理解した。

とはいえ、この理解はまだ十分ではない。日本人も誤解しているかもしれないが、多くのウクライナ人は、ウクライナを助けようとしない英米もまた、ロシアと同じくブダペスト覚書に違反している、と勘違いしている。それはこの覚書の酷さ、つまりウクライナが引っかかった詐欺の酷さをまだ十分に理解していないことを意味する。

実際にブダペスト覚書に違反したのは、ロシアだけである。本書で詳しく説明したように、ロシアというのはいつ、どこでも約束を破る国であり、「約束を破るために約束をする国」なので今さら驚くことはない。しかし、この状況において最も酷いのは、英米が同覚書の「約束を破っていない」という点である。英米が約束を破っているならまだよい。この場合、ウクライナは明確な保障を得られたのに保障義務のある国が約束を守らず、合意違反だったということになる。ウクライナは堂々と「英米はロシアと同様、約束を破った」と言う権利がある。

しかし、実際にウクライナが引っかかった詐欺はそうではない。英米は最初からウクライナを守る義務がなく、覚書「4」に書いてあるとおり、ウクライナがロシアから侵略を受けたときに、英米は「国連安全保障理事会において」ウクライナを支援する要求をした。すなわち、安保理において拒否権を持つロシアの存在がウクライナ支援を不可能にする、というのはまた別の話である。つまり、英米は覚書を守っているのだ。

したがって、ウクライナは自国に核兵器を放棄させたイギリスやアメリカに対し、「ウクライナを守る義務を放棄した」と文句すら付けることができない。英米には最初からその義務がなかったからだ。「ブダペスト覚書」とは最初から仕組まれた詐欺であり、冷酷にもウクライナ人としては騙された当時の指導者達の愚かさを悔やむしかない、ということだ。

すべてが明らかになった今では、「現在の知識を二十五年前のウクライナ人が知ってさえいれば……」と嘆くしかない。いまウクライナが置かれた状況は、世界にとって大きな教訓となっている。

一つ目は、一時的におとなしくなった侵略国家が、再び凶暴になる可能性は十分あるので警戒しなければならない、ということだ。言い換えると、まさに「ロシア幻想」に陥ってはいけない、ということである。

二つ目は、国際社会においては、どの国も過去に自国が取った行動には責任を持ちたがらず、責任を放棄しようと考える、ということだ。これは世界各国に共通する願望である。

三つ目は、したがって自国の安全を保障するための交渉において、少なくとも当該国すべてが守る義務のある条約の締結を要求しなければならない、ということだ。またその条約の文面に、自国を守る義務を明確に書かせる必要がある。それでも完全な保障にはならないが、ただの「覚書」よりよほど実体がある。

そして四つ目は、友好国は必ずしも自国のために動くとは限らない、ということである。敵国は自国にとって危険であり、信頼できない存在である、というのは明確だ（それでも明らかな敵国を、敵国として認識していない人々が多いのだが）。しかし、友好国の場合は勘違いをしやすい。信頼する友好国といえども間違った行動や、自国の利益を損なう行動を取ることもある。だから友好国とはいえ、提言をすべて受け入れる必要はない。友好国からの助言をつねに疑い、時に拒否する理性と根性を持たなければならない。たとえ同盟関係にあっても、他国の言葉にすべて従う国は滅びるのである。

今のウクライナ人は上述の事実をようやく理解するようになったが、教訓の代償があまりにも大きかった。すでに領土の一割を占領され、一万人以上の国民が殺されている。これからさらなる血を流しながら、再軍備を行い、新たな自国の安全保障体制を最初から作り直さなければならない。まだまだ情勢は厳しく、変化は道半ばであるが、ウクライナは正しい方向に向かっている。このような経験をせずに、最初から国際関係や安全保障の本質を理解すれば最も良かったのだが、やはり多くのことは失敗して初めて理解する、ということなのかもしれない。本章において筆者は自国の経験を述べたが、その教訓はウクライナに限らず、日本を含めて多くの国の参考になるのではないか、と思っている。

おわりに

皆さん、いかがだったでしょうか。プーチンの本質を暴くことが私の目的なので、本書を読んで、ロシアやプーチンに対するイメージが変わったと感じていただければ幸いです。

本書で詳しく説明した「プーチン幻想」と「ロシア幻想」はとても多面的な現象であり、「幻想」が生まれた理由はいくつもあります。「意図的なプロパガンダ」も、「希望的観測」も、「与えられた情報を疑わずに鵜呑《うの》みにする」という人の習性なども、すべて理由となります。しかし理由はどうであれ、その現象を打ち砕いて、現実に基づくロシアやプーチンの認識を日本人の間に広めるのが自分の使命だ、と私は確信しています。

また、ロシアとプーチンを分けて、片方だけの幻想に陥っている人もいます。たとえば「ロシアは歴史的にはとんでもないが、プーチンだけはマトモ」と主張する論者がいます。逆に、「プーチンさえいなければロシアはマトモな国」と思い込んでいる人も存在します。いずれも誤りです。

じつはロシアはああいう国だからこそ、つまり独裁的な強権、暴力に基づく政治を求めている国だからこそ、プーチンのような指導者が出てくるのです。本書でも言及したようにロシアの歴史には自由民主主義の期間もありましたが、それはすぐ終わりました。

日本における「ロシア幻想」と「プーチン幻想」は深刻ですが、こうした幻想は昔から様々な国にありました。本書で述べたように、ロシアそのものに対する幻想は、アメリカでも百年前からあります。二十世紀を通じて、アメリカほどロシアを助けた国はありません。ウッドロー・ウィルソンやフランクリン・ルーズベルト、あるいはヘンリー・キッシンジャーなど。政治家以外でもハリウッドは親ソ派の巣窟です。むしろ今のロシアが存在しているのはアメリカの支援のお陰と言ってよいぐらいです。

今の日本はロシアに対する政策という面では、二十世紀のアメリカと同じ過ちを犯そうとしています。支援すればするほど恩を仇で返してくるのが、ロシアです。

また、ロシアを支援して強くすれば、その分だけ中国も強くなります。ロシアと中国は親密な同盟関係にあるので、片方を支援すれば、別の片方も必ず得するという構造になっています。

日本には、「中国に対抗するためにプーチンのロシアと組もう」とする勢力がいますが、危険です。プーチンがどんな人間か、中国との関係がどんなものか、本書を読んでおさらいしてください。あるいは、そういう人がいたら、本書を勧めてください。

一人でも多くの日本人が「プーチン幻想」から解き放たれるために。

最後に。

本書の刊行に際しては憲政史家の倉山満先生にひとかたならぬお世話になりました。また、ＰＨＰ研究所の白地利成様には、未熟な私にプロの言論とはいかなるものかを手取り足取り教えていただきました。二人の師匠に感謝して、筆をおきたいと思います。

PHP新書
PHP INTERFACE
https://www.php.co.jp/

グレンコ・アンドリー［Gurenko Andrii］

1987年、ウクライナ・キエフ生まれ。2010年から11年まで早稲田大学で語学留学。同年、日本語能力検定試験1級合格。12年、キエフ国立大学日本語専攻卒業。13年、京都大学へ留学。19年3月、京都大学大学院人間・環境学研究科博士課程修了。アパ日本再興財団主催第9回「真の近現代史観」懸賞論文学生部門優秀賞(2016年)。ウクライナ情勢、世界情勢について講演・執筆活動を行なっている。本書がデビュー作となる。

プーチン幻想（PHP新書 1180）

「ロシアの正体」と日本の危機

二〇一九年三月二十九日 第一版第一刷
二〇二二年四月 七 日 第一版第三刷

著者――グレンコ・アンドリー
発行者――永田貴之
発行所――株式会社PHP研究所
東京本部――〒135-8137 江東区豊洲5-6-52
第一制作部 ☎03-3520-9615(編集)
普及部 ☎03-3520-9630(販売)
京都本部――〒601-8411 京都市南区西九条北ノ内町11
組版――宇梶勇気
装幀者――芦澤泰偉＋児崎雅淑
印刷所
製本所――図書印刷株式会社

©Gurenko Andrii 2019 Printed in Japan
ISBN978-4-569-84282-0

※本書の無断複製(コピー・スキャン・デジタル化等)は著作権法で認められた場合を除き、禁じられています。また、本書を代行業者等に依頼してスキャンやデジタル化することは、いかなる場合でも認められておりません。
※落丁・乱丁本の場合は、弊社制作管理部(☎03-3520-9626)へご連絡ください。送料は弊社負担にて、お取り替えいたします。

PHP新書刊行にあたって

「繁栄を通じて平和と幸福を」(PEACE and HAPPINESS through PROSPERITY)の願いのもと、PHP研究所が創設されて今年で五十周年を迎えます。その歩みは、日本人が先の戦争を乗り越え、並々ならぬ努力を続けて、今日の繁栄を築き上げてきた軌跡に重なります。

しかし、平和で豊かな生活を手にした現在、多くの日本人は、自分が何のために生きているのか、どのように生きていきたいのかを、見失いつつあるように思われます。そして、その間にも、日本国内や世界のみならず地球規模での大きな変化が日々生起し、解決すべき問題となって私たちのもとに押し寄せてきます。

このような時代に人生の確かな価値を見出し、生きる喜びに満ちあふれた社会を実現するために、いま何が求められているのでしょうか。それは、先達が培ってきた知恵を紡ぎ直すこと、その上で自分たち一人一人がおかれた現実と進むべき未来について丹念に考えていくこと以外にはありません。

その営みは、単なる知識に終わらない深い思索へ、そしてよく生きるための哲学への旅でもあります。弊所が創設五十周年を迎えましたのを機に、PHP新書を創刊し、この新たな旅を読者と共に歩んでいきたいと思っています。多くの読者の共感と支援を心よりお願いいたします。

一九九六年十月

PHP研究所

PHP新書

[政治・外交]

318・319 憲法で読むアメリカ史(上・下) 阿川尚之
426 日本人としてこれだけは知っておきたいこと 中西輝政
745 官僚の責任 古賀茂明
746 ほんとうは強い日本 田母神俊雄
807 ほんとうは危ない日本 田母神俊雄
826 迫りくる日中冷戦の時代 中西輝政
841 日本の「情報と外交」 孫崎 享
874 憲法問題 伊藤 真
881 官房長官を見れば政権の実力がわかる 菊池正史
891 利権の復活 古賀茂明
893 語られざる中国の結末 宮家邦彦
898 なぜ中国から離れると日本はうまくいくのか 石 平
920 テレビが伝えない憲法の話 木村草太
931 中国の大問題 丹羽宇一郎
954 哀しき半島国家 韓国の結末 宮家邦彦
964 中国外交の大失敗 中西輝政
965 アメリカはイスラム国に勝てない 宮田 律
967 新・台湾の主張 李 登輝
972 安倍政権は本当に強いのか 御厨 貴
979 なぜ中国は覇権の妄想をやめられないのか 石 平
982 戦後リベラルの終焉 池田信夫
986 こんなに脆い中国共産党 日暮高則
988 従属国家論 佐伯啓思
989 東アジアの軍事情勢はこれからどうなるのか 能勢伸之
993 中国は腹の底で日本をどう思っているのか 富坂 聰
999 国を守る責任 折木良一
1000 アメリカの戦争責任 竹田恒泰
1005 ほんとうは共産党が嫌いな中国人 宇田川敬介
1008 護憲派メディアの何が気持ち悪いのか 潮 匡人
1014 優しいサヨクの復活 島田雅彦
1019 愛国ってなんだ 民族・郷土・戦争 古谷経衡[著]/奥田愛基[対談者]
1024 ヨーロッパから民主主義が消える 川口マーン惠美
1031 中東複合危機から第三次世界大戦へ 山内昌之
1042 だれが沖縄を殺すのか ロバート・D・エルドリッヂ
1043 なぜ韓国外交は日本に敗れたのか 武貞秀士
1045 世界に負けない日本 藪中三十二
1058 「強すぎる自民党」の病理 池田信夫
1060 イギリス解体、EU崩落、ロシア台頭 岡部 伸
1066 習近平はいったい何を考えているのか 丹羽宇一郎

1076 日本人として知っておきたい「世界激変」の行方　中西輝政
1082 日本の政治報道はなぜ「嘘八百」なのか　潮 匡人
1083 なぜローマ法王は世界を動かせるのか　徳安 茂
1089 イスラム唯一の希望の国 日本　宮田 律
1090 返還交渉 沖縄・北方領土の「光と影」　東郷和彦
1122 強硬外交を反省する中国　宮本雄二
1124 チベット 自由への闘い　櫻井よしこ
1135 リベラルの毒に侵された日米の憂鬱　ケント・ギルバート
1137 「官僚とマスコミ」は嘘ばかり　髙橋洋一
1153 日本転覆テロの怖すぎる手口　兵頭二十八
1157 二〇二五年、日中企業格差　近藤大介
1169 韓国壊乱　櫻井よしこ／洪 熒

［経済・経営］

187 働くひとのためのキャリア・デザイン　金井壽宏
379 なぜトヨタは人を育てるのがうまいのか　若松義人
450 トヨタの上司は現場で何を伝えているのか　若松義人
543 ハイエク 知識社会の自由主義　池田信夫
587 微分・積分を知らずに経営を語るな　内山 力
594 新しい資本主義　原 丈人
620 自分らしいキャリアのつくり方　高橋俊介
752 日本企業にいま大切なこと　野中郁次郎／遠藤 功
852 ドラッカーとオーケストラの組織論　山岸淳子
882 成長戦略のまやかし　小幡 績
887 そして日本経済が世界の希望になる　ポール・クルーグマン［著］／山形浩生［監修・解説］／大野和基［訳］
892 知の最先端　クレイトン・クリステンセンほか［著］／大野和基［インタビュー・編］
901 ホワイト企業　高橋俊介
908 インフレどころか世界はデフレで蘇る　中原圭介
932 なぜローカル経済から日本は甦るのか　冨山和彦
958 ケインズの逆襲、ハイエクの慧眼　松尾 匡
973 ネオアベノミクスの論点　若田部昌澄
980 三越伊勢丹 ブランド力の神髄　大西 洋
984 逆流するグローバリズム　竹森俊平
985 新しいグローバルビジネスの教科書　山田英二
998 超インフラ論　藤井 聡
1003 その場しのぎの会社が、なぜ変われたのか　内山 力
1023 大変化——経済学が教える二〇二〇年の日本と世界　竹中平蔵
1027 戦後経済史は嘘ばかり　髙橋洋一
1029 ハーバードでいちばん人気の国・日本　佐藤智恵
1033 自由のジレンマを解く　松尾 匡
1034 日本経済の「質」はなぜ世界最高なのか　福島清彦

1039 中国経済はどこまで崩壊するのか 安達誠司
1080 クラッシャー上司 松崎一葉
1081 三越伊勢丹 モノづくりの哲学 大西 洋／内田裕子
1084 セブン-イレブン1号店 繁盛する商い 山本憲司
1088 「年金問題」は嘘ばかり 髙橋洋一
1105 「米中経済戦争」の内実を読み解く 津上俊哉
1114 クルマを捨ててこそ地方は甦る 藤井 聡
1120 人口知能は資本主義を終焉させるか 齊藤元章／井上智洋
1136 残念な職場 河合 薫
1162 なんで、その価格で売れちゃうの? 永井孝尚
1166 人生に奇跡を起こす営業のやり方 田口佳史／田村 潤
1172 お金の流れで読む 日本と世界の未来 ジム・ロジャーズ［著］／大野和基［訳］
1174 「消費増税」は嘘ばかり 髙橋洋一
1175 平成の教訓 竹中平蔵

［**社会・教育**］

117 社会的ジレンマ 山岸俊男
335 NPOという生き方 島田 恒
418 女性の品格 坂東眞理子
495 親の品格 坂東眞理子
504 生活保護vsワーキングプア 大山典宏
522 プロ法律家のクレーマー対応術 横山雅文
537 ネットいじめ 荻上チキ
546 本質を見抜く力――環境・食料・エネルギー 養老孟司／竹村公太郎
586 理系バカと文系バカ 竹内 薫［著］／嵯峨野功一［構成］
602 「勉強しろ」と言わずに子供を勉強させる法 小林公夫
618 世界一幸福な国デンマークの暮らし方 千葉忠夫
621 コミュニケーション力を引き出す 平田オリザ／蓮行
629 テレビは見てはいけない 苫米地英人
632 あの演説はなぜ人を動かしたのか 川上徹也
681 スウェーデンはなぜ強いのか 北岡孝義
692 女性の幸福［仕事編］ 坂東眞理子
706 日本はスウェーデンになるべきか 高岡 望
720 格差と貧困のないデンマーク 千葉忠夫
741 本物の医師になれる人、なれない人 小林公夫
780 幸せな小国オランダの智慧 紺野 登
783 原発「危険神話」の崩壊 池田信夫
786 新聞・テレビはなぜ平気で「ウソ」をつくのか 上杉 隆
789 「勉強しろ」と言わずに子供を勉強させる言葉 小林公夫
792 「日本」を捨てよ 苫米地英人
819 日本のリアル 養老孟司

823 となりの闇社会 一橋文哉
828 ハッカーの手口 岡嶋裕史
829 頼れない国でどう生きようか 加藤嘉一／古市憲寿
832 スポーツの世界は学歴社会 橘木俊詔／齋藤隆志
847 子どもの問題 いかに解決するか 岡田尊司／魚住絹代
854 女子校力 杉浦由美子
857 大津中2いじめ自殺 共同通信大阪社会部
858 中学受験に失敗しない 高濱正伸
869 若者の取扱説明書 齋藤 孝
870 しなやかな仕事術 林 文子
872 この国はなぜ被害者を守らないのか 川田龍平
875 コンクリート崩壊 溝渕利明
879 原発の正しい「やめさせ方」 石川和男
888 日本人はいつ日本が好きになったのか 竹田恒泰
896 著作権法がソーシャルメディアを殺す 城所岩生
897 生活保護vs子どもの貧困 大山典宏
909 じつは「おもてなし」がなっていない日本のホテル 桐山秀樹
915 覚えるだけの勉強をやめれば劇的に頭がよくなる 小川仁志
919 ウェブとはすなわち現実世界の未来図である 小林弘人
923 世界「比較貧困学」入門 石井光太
935 絶望のテレビ報道 安倍宏行
941 ゆとり世代の愛国心 税所篤快
950 僕たちは就職しなくてもいいのかもしれない 岡田斗司夫 FRREex
962 英語もできないノースキルの文系は これからどうすべきか 大石哲之
963 エボラvs人類 終わりなき戦い 岡田晴恵
969 進化する中国系犯罪集団 一橋文哉
974 ナショナリズムをとことん考えてみたら 春香クリスティーン
978 東京劣化 松谷明彦
981 世界に嗤われる日本の原発戦略 高嶋哲夫
987 量子コンピューターが本当にすごい 竹内 薫／丸山篤史［構成］
994 文系の壁 養老孟司
997 無電柱革命 小池百合子／松原隆一郎
1006 科学研究とデータのからくり 谷岡一郎
1022 社会を変えたい人のためのソーシャルビジネス入門 駒崎弘樹
1025 人類と地球の大問題 丹羽宇一郎
1032 なぜ疑似科学が社会を動かすのか 石川幹人
1040 世界のエリートなら誰でも知っているお洒落の本質 干場義雅
1044 現代建築のトリセツ 松葉一清
1046 ママっ子男子とバブルママ 原田曜平

1059 広島大学は世界トップ100に入れるのか　山下柚実
1065 ネコがこんなにかわいくなった理由　黒瀬奈緒子
1069 この三つの言葉で、勉強好きな子どもが育つ　齋藤 孝
1070 日本語の建築　伊東豊雄
1072 縮充する日本 「参加」が創り出す人口減少社会の希望　山崎 亮
1073 「やさしさ」過剰社会　榎本博明
1079 超ソロ社会　荒川和久
1087 羽田空港のひみつ　秋本俊二
1093 震災が起きた後で死なないために　野口 健
1098 日本の建築家はなぜ世界で愛されるのか　五十嵐太郎
1106 御社の働き方改革、ここが間違ってます！　白河桃子
1125 『週刊文春』と『週刊新潮』闘うメディアの全内幕　花田紀凱／門田隆将
1128 男性という孤独な存在　橘木俊詔
1140 「情の力」で勝つ日本　日下公人
1144 未来を読む　ジャレド・ダイアモンドほか［著］　大野和基［インタビュー・編］
1146 「都市の正義」が地方を壊す　山下祐介
1149 世界の路地裏を歩いて見つけた「憧れのニッポン」　早坂 隆
1150 いじめを生む教室　荻上チキ
1151 オウム真理教事件とは何だったのか？　一橋文哉
1154 孤独の達人　諸富祥彦
1161 貧困を救えない国 日本　阿部彩／鈴木大介
1164 ユーチューバーが消滅する未来　岡田斗司夫

［歴史］

061 なぜ国家は衰亡するのか　中西輝政
286 歴史学ってなんだ？　小田中直樹
505 旧皇族が語る天皇の日本史　竹田恒泰
591 対論・異色昭和史　鶴見俊輔／上坂冬子
663 日本人として知っておきたい近代史［明治篇］　中西輝政
734 謎解き「張作霖爆殺事件」　加藤康男
738 アメリカが畏怖した日本　渡部昇一
748 詳説〈統帥綱領〉　柘植久慶
755 日本人はなぜ日本のことを知らないのか　竹田恒泰
761 真田三代　平山 優
776 はじめてのノモンハン事件　森山康平
784 日本古代史を科学する　中田 力
791 『古事記』と壬申の乱　関 裕二
848 院政とは何だったか　岡野友彦
865 徳川某重大事件　徳川宗英
903 アジアを救った近代日本史講義　渡辺利夫

922 木材・石炭・シェールガス　石井　彰
943 科学者が読み解く日本建国史　中田　力
968 古代史の謎は「海路」で解ける　長野正孝
1001 日中関係史　岡本隆司
1012 古代史の謎は「鉄」で解ける　長野正孝
1015 徳川がみた「真田丸の真相」　徳川宗英
1028 歴史の謎は透視技術「ミュオグラフィ」で解ける　田中宏幸／大城道則
1037 なぜ二宮尊徳に学ぶ人は成功するのか　松沢成文
1057 なぜ会津は希代の雄藩になったか　中村彰彦
1061 江戸はスゴイ　堀口茉純
1064 真田信之　父の知略に勝《まさ》った決断力　平山　優
1071 国際法で読み解く世界史の真実　倉山　満
1074 龍馬の「八策」　松浦光修
1075 誰が天照大神を女神に変えたのか　武光　誠
1077 三笠宮と東條英機暗殺計画　加藤康男
1085 新渡戸稲造はなぜ『武士道』を書いたのか　草原克豪
1086 日本にしかない「商いの心」の謎を解く　呉　善花
1096 名刀に挑む　松田次泰
1097 戦国武将の病《やまい》が歴史を動かした　若林利光
1104 一九四五　占守島の真実　相原秀起
1107 ついに「愛国心」のタブーから解き放たれる日本人　ケント・ギルバート
1108 コミンテルンの謀略と日本の敗戦　江崎道朗
1111 北条氏康　関東に王道楽土を築いた男　伊東　潤／板嶋常明
1115 古代の技術を知れば、『日本書紀』の謎が解ける　長野正孝
1116 国際法で読み解く戦後史の真実　倉山　満
1118 歴史の勉強法　山本博文
1121 明治維新で変わらなかった日本の核心　猪瀬直樹／磯田道史
1123 天皇は本当にただの象徴に堕ちたのか　竹田恒泰
1129 物流は世界史をどう変えたのか　玉木俊明
1130 なぜ日本だけが中国の呪縛から逃れられたのか　石　平
1138 吉原はスゴイ　堀口茉純
1141 福沢諭吉　しなやかな日本精神　小浜逸郎
1142 卑弥呼以前の倭国五〇〇年　大平　裕
1152 日本占領と「敗戦革命」の危機　江崎道朗
1160 明治天皇の世界史　倉山　満
1167 吉田松陰『孫子評註』を読む　森田吉彦
1168 特攻　知られざる内幕　戸髙一成［編］
1176 「縄文」の新常識を知れば 日本の謎が解ける　関　裕二

1177 「親日派」朝鮮人　消された歴史　拳骨拓史

[地理・文化]

264 「国民の祝日」の由来がわかる小事典　所　功
465・466 [決定版]京都の寺社505を歩く(上・下)　山折哲雄／槇野　修
592 日本の曖昧《あいまい》力　呉　善花
639 世界カワイイ革命　櫻井孝昌
650 奈良の寺社150を歩く　山折哲雄／槇野　修
670 発酵食品の魔法の力　小泉武夫／石毛直道[編著]
705 日本はなぜ世界でいちばん人気があるのか　竹田恒泰
757 江戸東京の寺社609を歩く 下町・東郊編　山折哲雄／槇野　修
758 江戸東京の寺社609を歩く 山の手・西郊編　山折哲雄／槇野　修
845 鎌倉の寺社122を歩く　山折哲雄／槇野　修
877 日本が好きすぎる中国人女子　櫻井孝昌
889 京都早起き案内　麻生圭子
890 反日・愛国の由来　呉　善花
934 世界遺産にされて富士山は泣いている　野口　健
936 山折哲雄の新・四国遍路　山折哲雄
948 新・世界三大料理　神山典士[著]／中村勝宏、山本豊、辻芳樹[監修]
971 中国人はつらいよ――その悲惨と悦楽　大木　康
1119 川と掘割“20の跡”を辿る江戸東京歴史散歩　岡本哲志

[心理・精神医学]

053 カウンセリング心理学入門　國分康孝
065 社会的ひきこもり　斎藤　環
103 生きていくことの意味　諸富祥彦
171 学ぶ意欲の心理学　市川伸一
304 パーソナリティ障害　岡田尊司
364 子どもの「心の病」を知る　岡田尊司
381 言いたいことが言えない人　加藤諦三
453 だれにでも「いい顔」をしてしまう人　加藤諦三
487 なぜ自信が持てないのか　根本橘夫
550 「うつ」になりやすい人　加藤諦三
583 だましの手口　西田公昭
695 大人のための精神分析入門　妙木浩之
697 統合失調症　岡田尊司
796 老後のイライラを捨てる技術　保坂　隆
825 事故がなくならない理由《わけ》　芳賀　繁
862 働く人のための精神医学　岡田尊司

867 「自分はこんなもんじゃない」の心理　榎本博明
895 他人を攻撃せずにはいられない人　片田珠美
910 がんばっているのに愛されない人　加藤諦三
918 「うつ」だと感じたら他人に甘えなさい　和田秀樹
942 話が長くなるお年寄りには理由《わけ》がある　増井幸恵
952 プライドが高くて迷惑な人　片田珠美
953 なぜ皮膚はかゆくなるのか　菊池　新
956 最新版「うつ」を治す　大野　裕
977 悩まずにはいられない人　加藤諦三
992 高学歴なのになぜ人とうまくいかないのか　加藤俊徳
1063 すぐ感情的になる人　片田珠美
1091 「損」を恐れるから失敗する　和田秀樹
1094 子どものための発達トレーニング　岡田尊司
1131 愛とためらいの哲学　岸見一郎

［文学・芸術］
258 「芸術力」の磨きかた　林　望
343 ドラえもん学　横山泰行
415 本の読み方 スロー・リーディングの実践　平野啓一郎
421 「近代日本文学」の誕生　坪内祐三
497 すべては音楽から生まれる　茂木健一郎
519 團十郎の歌舞伎案内　市川團十郎
578 心と響き合う読書案内　小川洋子
581 ファッションから名画を読む　深井晃子
588 小説の読み方　平野啓一郎
731 フランス的クラシック生活
ルネ・マルタン［著］／高野麻衣［解説］
781 チャイコフスキーがなぜか好き　亀山郁夫
820 心に訊《き》く音楽、心に効く音楽　高橋幸宏
843 仲代達矢が語る 日本映画黄金時代　春日太一
905 美　福原義春
913 源静香は野比のび太と結婚するしかなかったのか　中川右介
916 乙女の絵画案内　和田彩花
949 肖像画で読み解くイギリス史　齊藤貴子
951 棒を振る人生　佐渡　裕
959 うるわしき戦後日本
ドナルド・キーン／堤　清二（辻井　喬）［著］
1009 アートは資本主義の行方を予言する　山本豊津
1021 至高の音楽　百田尚樹
1030 ジャズとエロス　牧山純子
1035 モネとジャポニスム　平松礼二
1038 山本周五郎で生きる悦びを知る　福田和也
1052 生きてるぜ！ ロックスターの健康長寿力　大森庸雄
1103 倍賞千恵子の現場　倍賞千恵子

1109 超・戦略的！ 作家デビューマニュアル 五十嵐貴久
1126 大量生産品のデザイン論 佐藤 卓
1145 美貌のひと 中野京子
1165 《受胎告知》絵画でみるマリア信仰と 高階秀爾

［知的技術］
003 知性の磨きかた 林 望
025 ツキの法則 谷岡一郎
112 大人のための勉強法 和田秀樹
180 伝わる・揺さぶる！ 文章を書く 山田ズーニー
203 上達の法則 岡本浩一
305 頭がいい人、悪い人の話し方 樋口裕一
399 ラクして成果が上がる理系的仕事術 鎌田浩毅
438 プロ弁護士の思考術 矢部正秋
573 1分で大切なことを伝える技術 齋藤 孝
646 世界を知る力 寺島実郎
673 本番に強い脳と心のつくり方 苫米地英人
718 必ず覚える！ 1分間アウトプット勉強法 齋藤 孝
737 超訳 マキャヴェリの言葉 本郷陽二
747 相手に9割しゃべらせる質問術 おちまさと
749 世界を知る力 日本創生編 寺島実郎
762 人を動かす対話術 岡田尊司
768 東大に合格する記憶術 宮口公寿
805 使える！「孫子の兵法」 齋藤 孝
810 とっさのひと言で心に刺さるコメント術 おちまさと
835 世界一のサービス 下野隆祥
838 瞬間の記憶力 楠木早紀
846 幸福になる「脳の使い方」 茂木健一郎
851 いい文章には型がある 吉岡友治
876 京大理系教授の伝える技術 鎌田浩毅
878 ［実践］小説教室 根本昌夫
886 クイズ王の「超効率」勉強法 日髙大介
899 脳を活かす伝え方、聞き方 茂木健一郎
929 人生にとって意味のある勉強法 隂山英男
933 すぐに使える！ 頭がいい人の話し方 齋藤 孝
944 日本人が一生使える勉強法 竹田恒泰
983 辞書編纂者の、日本語を使いこなす技術 飯間浩明
1002 高校生が感動した微分・積分の授業 山本俊郎
1054 「時間の使い方」を科学する 一川 誠
1068 雑談力 百田尚樹
1078 東大合格請負人が教える できる大人の勉強法 時田啓光
1113 高校生が感動した確率・統計の授業 山本俊郎
1127 一生使える脳 長谷川嘉哉
1133 深く考える力 田坂広志

1171 国際線機長の危機対応力 横田友宏

［言語・外国語］

996 にほんご歳時記 山口謠司
1011 みっともない女 川北義則
1110 実践 ポジティブ心理学 前野隆司

［医療・健康］

336 心の病は食事で治す 生田 哲
436 高次脳機能障害 橋本圭司
499 空腹力 石原結實
552 食べ物を変えれば脳が変わる 生田 哲
712 「がまん」するから老化する 和田秀樹
788 老人性うつ 和田秀樹
794 日本の医療 この人を見よ 海堂 尊
800 医者になる人に知っておいてほしいこと 渡邊 剛
801 老けたくなければファーストフードを食べるな 山岸昌一
860 日本の医療 この人が動かす 海堂 尊
880 皮膚に聴く からだとこころ 川島 眞
894 ネット依存症 樋口 進
906 グルコサミンはひざに効かない 山本啓一
911 日本の医療 知られざる変革者たち 海堂 尊
912 薬は5種類まで 秋下雅弘
926 抗がん剤が効く人、効かない人 長尾和宏
937 照明を変えれば目がよくなる 結城未来
939 10年後も見た目が変わらない食べ方のルール 笠井奈津子
947 まさか発達障害だったなんて
星野仁彦／さかもと未明
961 牛乳は子どもによくない 佐藤章夫
991 間違いだらけの病院選び 小林修三
1004 日本の手術はなぜ世界一なのか 宇山一朗
1007 腸に悪い14の習慣 松生恒夫
1013 東大病院を辞めたから言える「がん」の話 大場 大
1026 トップアスリートがなぜ『養生訓』を実践しているのか 白木 仁
1036 睡眠薬中毒 内海 聡
1047 人間にとって健康とは何か 斎藤 環
1053 iPS細胞が医療をここまで変える
山中伸弥［監修］／京都大学iPS細胞研究所［著］
1056 なぜ水素で細胞から若返るのか 辻 直樹
1139 日本一の長寿県と世界一の長寿村の腸にいい食事 松生恒夫
1143 本当に怖いキラーストレス 茅野 分
1156 素敵なご臨終 廣橋 猛
1173 スタンフォード大学教授が教える 熟睡の習慣 西野精治